蜂屋賢喜代

新装版

# 正信偈講話［上］

法藏館

# 目次

## 上巻

下巻

＊本書は、一九三七年に成同社から出版されたものを元に、一九八〇年に弊社より再版されました。
今日の人権意識に照らして好ましくない表現が見られますが、原文の時代背景や著者が差別を助長する意図で使用していないこと、著者が故人となっていることなどを考慮し原文のままといたしました。

# 第一篇　大　意

## 第一章　題号について

正《しょう》信《しん》念《ねん》仏《ぶつ》偈《げ》

**語の略解**

(1) **正**とは傍《ぼう》に対し、邪《じゃ》に対し、雑《ぞう》に対することばである。すなわち、傍信《ぼうしん》でなく、邪信《じゃしん》でなく、雑《ぞう》信《しん》でないことである。

(2) **信**とは、行《ぎょう》に対することばである。

(3) **念仏**とは南無阿弥陀仏のことである。また南無阿弥陀仏と称うることである。

(4) **偈**とは、偈頌《げじゅ》ということであって、広大深遠なる意味を含めて簡単に言いあらわすほかに、言辞を美《うる》わしく調をととのへて述べることである。

**1**

真宗信者の家々では、朝夕の仏前礼拝《らいはい》の時に、かならずこの『正信偈《しょうしんげ》』を拝誦し、そしてその後へ御念仏を唱えあげて、御和讃を歌うことになっているのです。また報恩講の時にはきっと、何度も読むのであり、法事の時にも唱えることがあります。

このように、毎度、『正信偈』を読むのは何故かというと、それはその意味を了解して、信心をうるためであります。しかるに儀式的に読むだけでその意味を味わはないということでは、何の所詮《しょせん》もないこととなります。それゆえ真宗の信徒としては、ぜひともその意味を味わって、信を得るように心がけねばならんことであります。

## 2

この『正信偈』は、二句一行で六十行あるのですから、百二十句の短い偈文《げもん》であります。これは親鸞聖人《しんらんしょうにん》が一代の心血をそそいで、書きのこされた『教行信証《きょうぎょうしんしょう》』という御本の、『行巻《ぎょうのまき》』の最後に出ているのであって、簡単なものではありますが、この六十行の偈文に『教行信証』の大事な意味を含めてしまい、真宗の教義の深い深い意味を、この中につずめて下さったのですから、まことに大切なものであります。

初めの「帰命無量寿如来《きみょうむりょうじゅにょらい》、南無不可思議光《なむふかしぎこう》」とある二句は聖人が帰命した崇敬のあまりにのべられたのですから帰敬分《ききょうぶん》と申します。次の「法蔵菩薩因位時《ほうぞうぼさついんいじ》」より「難中之難無過斯《なんちゅうしなんむかし》」とあるまでは、『大無量寿経《だいむりょうじゅきょう》』の精髄を知らせて下さったのですから依経分《えきょうぶん》と申します。「印度西天之論家《いんどさいてんしろんげ》」より「必以信心為能入《ひっちしんじんいのうにゅう》」とあるまでは依釈分《えしゃくぶん》と申すのでして、龍樹菩薩《りゅうじゅぼさつ》、天親菩薩《てんじんぼさつ》、曇鸞大師《どんらんだいし》、道綽禅師《どうしゃくぜんじ》、善導大師《ぜんどうだいし》、源信和尚《げんしんかしょう》、源空上人《げんくうしょうにん》と、七高僧の尊い教を知らせて下さったのであります。七高僧の方々が本願他力を味わはれたその味わい方、すなわち註釈は、その方々によって異彩がありますけれども、みな同様に『大無量寿経』の真意を体得せられ、本願を信じて助かられたのですから、七高僧の御教をよくよく味わってゆくならば、誰人でも『大無量寿経』の真意が解《わか》って本願を信受するに至るのであり、それによってこの世の事について種々に苦しみ悩む心がたすかり、未来の大問題についで悩んでいる心も助かって、この世から真の幸福者となることができるのであります。

3

聖人は、ご自身が七高僧の註釈によって、『大無量寿経』の真意が明らかに解り、本願をよろこぶ身となって、この世のことと未来のこととの両方について、無上の幸福を得られたのですから、その嬉しさに、上は本師阿弥陀如来《ほんじあみだにょらい》に御礼をもうし、また大聖釈尊《だいしょうしゃくそん》にお礼をもうす心から、下っては七高僧にお礼をもうす心から、この『正信偈』をお造りになったのであります。故に『行巻《ぎょうのまき》』の『正信偈』の前のところには、知恩報徳《ちおんほうとく》のために書いたのであると申しておられるのであります。

4

本来、七高僧が本願を信じて助かられたのは、釈尊のご説法があったからであり、釈尊のご説法は阿弥陀如来の本願のお慈悲があったからであります。しからば、阿弥陀如来と釈尊と七高僧にお礼をもうすということは、じつは阿弥陀如来御一仏にお礼をもうすべきであり、阿弥陀如来一仏にお礼をもうすということは、それが釈尊と七高僧にお礼をもうすこととなるのであります。本来、如来の本願は、われわれ十方衆生を助けたい御慈悲であって、わたしどもを幸福にしてやりたいのですから、如来に対して知恩報徳をするということは、つまり現在のわたしどもに如来の御本願を知らせて下さって、わたしどもが本願を信じて助かり、しあわせ者になるようにして下さることが、如来にお礼をもうす真意に契《かな》うこととなるのであります。それゆえ、聖人はご自身が本願を信じて無上の幸福者になった喜びを、如来なり七高僧にお礼をもうす意から、この偈を書かれたのでありますが、それは一面において、七高僧の教をわたしどもにお知らせ下さって、わたしどもに『大無量寿経』のお意《こころ》が味わえるように、そして『大無量寿経』の所詮《しょせん》であるところの如来の本願を、知らせて下さり、信じさせたいのであります。このように如来および七高僧に感謝せられるお意が、ついに私どもに本願を信じさせようとして、そのために心意《こころ》を籠《こ》めてお書き下さったのですから、聖人のこのような心を知るならば、ぜひともこの『正信偈』のお意をよくよく味わって、本願を信じうる身とならねばならんのでありま す。

5

『正信偈』と常に申しておりますが、じつは『正信念仏偈』という題号《だいごう》であります。正信念仏とは念仏を正信することで、念仏とは弥陀の本願である南無阿弥陀仏のことであります。すなわち南無阿弥陀仏という名号を信ずることとであります。

『大無量寿経』は、要するところ弥陀の本願を説かれたのであって、弥陀の本願は南無阿弥陀仏という名号を知らせたいのであります。御名《みな》を知らせて下さって、わたしどもを救いたいのです。仏の御心《みこころ》は御名に顕《あら》われておるのであって、仏は御名によってわたしどもの前にお立ちになっているのです。仏は御名によって仏の御心を知らせようとしておられるのであります。それゆえ御名を信受することが真に仏を知ったことであり、仏の御心を知ったのである。故に仏は、御名によって仏の御心を知らせ信じさせたいのであります。わたしどもを助ける方法は、これよりほかにないのであり、わたしどもの助かる方法もこれよりほかにないのであります。

## 6

仏の心の願は、他力によってわたしどもを救いたいのです。

仏の本願はわたしどもに名号を知らせて下さり称えさせようとなさるのです。称えることによって、助けたいという本願であります。

それゆえ、深い理屈を知らなくても念仏を称えるところには、言うにいわれぬしあわせのある功徳利益の広大なる名号であります。しかしながら真に信じられて、称えられるようにならなければ、真実の幸福者とはなれないのであります。称えたり喜んだり尊んだりしているのは、いずれもそれは信じた姿ではありますけれども、正しく信ずるということが大切であって、不純な信じ方でなく正信することができた時に、真実に助かって、真の幸福者となるのであります。

7

この偈文の「法蔵菩薩因位時」より以下において、まず第一に『大無量寿経』の精髄を説かれたのも、それはわたしどもに正しく信じさせるためであり、次に七高僧の教を一々説かれたのも、ひとえに、わたしどもに念仏を正信させるためであります。

このように、この偈文の精神は、念仏の御徳《おとく》を讃嘆せられたのではありますけれども、要はその念仏を正信させようとしておられるのですから、念仏偈といわず、略して『正信偈』と申すのであります。

# 第二章　聖人の帰敬

帰《き》命《みよう》無《む》量《りよう》寿《じゆ》如《によ》来《らい》　無量寿如来に帰命し、
南《な》無《む》不《ふ》可《か》思《し》議《ぎ》光《こう》　不可思議光に南無したてまつる。

**語の略解**

(1) **帰命無量寿如来**とは、仏名であって、南無阿弥陀仏と同じことである。今は南無阿弥陀仏の御徳《おんとく》を寿命の無量なる辺より讃嘆して申されたのである。

(2) **南無不可思議光**とは、これも仏名であって、南無阿弥陀仏の御徳を光明無量の方面から讃嘆せられたのである。

(3) **南無**とは、帰命のことであって、**帰命**とは如来の御命令に信順し、帰依《きえ》することである。

**1**

聖人は、偈文《げもん》の最初に、仏の尊号を重ねて、「帰命無量寿如来《きみようむりようじゆにょらい》、南無不可思議光《なむふかしぎこう》」と申されました。これは両方とも仏名でありまして、いずれも南無阿弥陀仏と申すのと同じことであります。ほんらい、如来の尊号といへば南無阿弥陀仏と申すのでありますが、それを御徳の方から味わい讃嘆して、いろいろに申されたのであります。天親菩薩は帰命尽十方無碍光如来《じんじゅっぽうむげこう》と申され、曇鸞《どんらん》大師は南無不可思議光如来と申されました。そのように今、聖人は無量寿の御徳の方から「帰命無量寿如来」と申され、また光明の御徳の方から「南無不可思議光」と申されたのであります。それは如来の寿命無量と、光明無量との二つの御徳を讃《ほ》めたたえられたのであります。

## 2

寿命無量の御徳と光明無量の御徳とをお具《そな》えになっているゆえに、阿弥陀仏と申すのであって、阿弥陀仏とは光明無量、寿命無量の仏ということであります。四十八願中の第十二の願に、光明無量であろうと誓われたのは、空間的に十方世界のいかなるところまでもくまなく照らして、いかなる衆生をも救はんと御思召《おぼしめ》した大慈悲のためであります。また第十三の願に寿命無量であろうと誓われたのは、時間的にいつの世までも照らして、いかなる末の世までも、救わねばおかぬという大慈悲のためであります。時間的と空間的、横と竪とを尽して、十方衆生を救わんという大慈悲の仏なるがゆえに、阿弥陀仏と申すのであります。今やこのような如来の御心を喜ばれて、「帰命無量寿如来」といい、「南無不可思議光」と申されたのであります。

## 3

わたしは先に仏名をあげられたといいましたが、聖人はこれを、「無量寿如来に帰命し、不可思議光に南無したてまつる」と読んでおられて、ご自分の信仰を表白しておられるのであります。真宗においては、如来の名号というは南無阿弥陀仏であると申されまして、如来の名号そのままがまた、わたしども信じた者の信仰なのであります。それはすなわち信じた心の相状《すがた》をあらわしておるのであって、信じた心のありだけであります。それゆえ聖人は仏の尊号をあげておきながら、「無量寿如来に帰命し不可思議光に南無したてまつる」と読んでおられるのであります。それは仏の尊号を声高々と称えあげて、恭敬《くぎょう》尊重しておられる姿であって、それがそのまま、わたしは無量寿の如来に帰命したてまつります、不可思議光の如来に南無したてまつりますと、自分の信心を如来の前に告げておられるのであります。

## 4

わたしは朝夕、仏前礼拝の時、「帰命無量寿如来――」と大きな声をはりあげて称える時に、いつでも何ともいえぬ尊さにうたれるのであります。それは、聖人が仏前に合掌して一心に帰命しておられる姿を想い、天に沖《ちゅう》する心の声をはりあげて、帰命したてまつり、南無したてまつると申しておられる御声を、ほのかに聞くからであります。

「南無」は梵語《ぼんご》であって帰命ということであり、「帰命」ということは、如来の勅命《ちょくめい》に帰順し、帰依することであります。すなわち如来の仰《おおせ》に順《したが》うことであり、如来の命に依《よ》ることであって、依るとは力とし、たのみとすることであります。勅命とは何であるかといえば、我をたのめとの仰であります。それゆえ、如来をたのむことは仰に順ったことであり、帰命とは信をあらわす言葉であって、信ずるとは、たのむことであります。

如来は如何にしてわたしどもをおたすけ下さるかといえば、断えざる光明をはなちて、照らし照らしてついにはわたしどもに信じさせ、たのませようとしておられるのですから、如来の勅命とは「我をたのめ」という御思召であって、わたしどもがついに如来をたのむに至ったのは、如来の召しにかなったことであります。

## 5

「不可思議光」とは、不可思議光如来というべきを、偈頌《げじゅ》であるから、七字にするために略されたのであります。如来の光明の御はたらき、すなわちその御徳は、われわれの心に思い尽すことのできぬところであり、言語に述べ尽すことのできぬ、じつに思念《しねん》以上であり、言語以上であって、これを不可思議光と申すよりほかはないのであります。尽十方を照らして無碍《むげ》なる御光はいかなるところにも遍満して、いかなる物の中にも、いかなる事件の中にも、常《つね》に恒《つね》におはたらきになって、時と処との隔てなく、悲しみの中にも、喜びの中にも、怒りの中にも、慾の中にも、闘争《あらそい》の中にも、平和の中にも、順境と逆境との選びなく、一切の時と一切の処に充ち満ちておられるのであります。このように外に遍満していられるのみならず、我が心の中にお入りになって、邪見や憍慢のいろいろの誤った考えを破って、ついには帰命させずにはおかないと、すべての物とすべての人に障碍《しょうげ》せられない無碍の光明であって、しかも一念信じられた上は、いよいよこの光明の徳は、心の上にも境遇の上にも、照らし照らしてじつに広大なる功徳利益を与えて、ついには仏果であるところの大涅槃の無上の利益に、至らせずにはおかぬという御光であるから、不可思議光と申すのであります。

6

このように、「帰命無量寿如来、南無不可思議光」と、初めに仏の尊号を称えあげられたのは、恭敬礼拝の意味であって、それはまた、聖人の信の表白《ひょうはく》と合掌《がっしょう》でありますが、それがまたそのまま、わたしどもの助かる方法を示し教えておられるのであります。帰命したてまつり南無したてまつると申されたその中には、自然に「無量寿如来に帰命せよ」、「不可思議光の如来に南無せよ」と、正信することの大切なことを示しておられるのであります。

信じた、助かったということは、南無阿弥陀仏と口に称えるよりほかに、その表し方はないものであります。それゆえ「正信念仏」ということは「帰命無量寿如来、南無不可思議光」と申されただけで、十分尽きているのであります。しかしながらわたしどもが聖人と同様に、このように心から申せるようになるためには、以下の『大経』の御意《おこころ》とを深く味わわなければならないのであります。

# 第二篇　真宗の正意

## 第一章　法蔵菩薩の発願

法《ほう》蔵《ぞう》菩《ぼ》薩《さつ》因《いん》位《い》時《じ》　　法蔵菩薩因位の時

在《ざい》世《せ》自《じ》在《ざい》王《おう》仏《ぶつ》所《しょ》　　世自在王仏のみもとにましまして

覩《と》見《けん》諸《しょ》仏《ぶつ》浄《じょう》土《ど》因《いん》　　諸仏の浄土の因

国《こく》土《ど》人《にん》天《でん》之《し》善《ぜん》悪《あく》　　国土人天の善悪を覩見して

建《こん》立《りゅう》無《む》上《じょう》殊《しゅ》勝《しょう》願《がん》　　無上殊勝の願を建立し

超《ちょう》発《ほっ》希《け》有《う》大《だい》弘《ぐ》誓《ぜい》　　希有の大弘誓を超発せり

**語の略解**

(1) **法蔵菩薩**とは、阿弥陀仏がいまだ仏となられざる前、すなわち菩薩であった時の御名《みな》である。

(2) **因位時**とは、仏となられるまでの時代のことである。

(3) **世自在王仏**とは、法蔵菩薩の御師匠の仏のことである。

(4) **諸仏浄土因**とは、諸仏が浄土を建てられた原因とも解せられるが、要はその諸仏の浄土へ衆生が生るるその因《たね》のことである。

(5) **観見**とは、つくづく仔細《しさい》に見ることである。

(6) **建立**とは、はじめて立てることである。

(7) **無上殊勝願**とは、諸仏の願と比べてこの上のない殊に勝れたる願ということである。一つには十方衆生を悉《ことごと》く漏らさず済いたいという願であり、また一つには衆生の力を交えず全く他力によって救わんとの願であるからである。

(8) **超発**とは、これも世間の規則である因果の法則を超えて、衆生の善悪を論ぜず、智愚を簡《えら》ばず、男子も女人も助けねばという世に希有《けう》なる大願なるがゆえに、**弘誓**と云い超発せられたというのであって、超にはまた一念超証させて下さるという意味も含まれているのである。

**1**

わが聖人は、まず最初に「帰命無量寿如来、南無不可思議光」と、如来を仰ぎ奉って、如来に対して、帰敬《ききょう》の心を捧げられたのでありましたが、次には自分の帰敬し奉る如来の因位の相《すがた》を述べられたのであります。因位の相というのは、阿弥陀仏となられる以前のありさまであって、ついに仏となられるまでの事情であります。

**2**

昔むかしのその昔、ずっと昔のその昔というと、なんだかお伽譚《とぎばなし》のようですが、そうではない。釈尊は阿難《あなん》に対して、「乃往過去久遠無量不可思議無央数劫《ないおうかこくおんむりょうふかしぎむおうしゅこう》」といって、説き出されております。ともかく言葉でいうこともできず、心で思って見ることもできないほどの昔ということです。その時に世自在王仏と申す仏がおられましたが、その時に国王があって、世自在王仏の説法を聞いて、心に法悦《ほうえつ》を懐くにいたり、ついに、自分が仏になって、そして一切衆生を救いたいという願を発されて、国を棄て位を捐《す》てて沙門《しゃもん》となり、その名を法蔵と申されたといわれるのであります。この沙門法蔵すなわち法蔵比丘が、修行を積んで後に法蔵菩薩となられたのであり、この法蔵菩薩が四十八の本願を発して、その願を成就して阿弥陀仏となられたのであります。それゆえ阿弥陀仏というのは果上の号《みな》であり、それに対して法蔵菩薩とは因位の名でありますから、「法蔵菩薩因位の時」と申されたのであります。

## 3

その法蔵菩薩が世自在王仏のみもとにおいて、大なる願をおこされたのです。その願はご自身が仏になりたいということは無論のことですが、それは、一切衆生の苦悩を救って、いかなる衆生をも最上無上の幸福者とならせたいためであります。それゆえ単に自身が仏になりたいというだけでなく、いかなる衆生をも救って、極まりなき安楽を受けられ得る、そういう仏になりたいという大願であります。それゆえ、この大願の内容としては三つに分かれるのであります。第一は、ご自身が、いかなる衆生をも救い得る能力者とならねばならんということであり、第二には、衆生を救うには如来の国土を、全世界宇宙中における無上殊勝なるものとせねばならんのであり、第三に、衆生を救うということは一切衆生をその仏国に生まれさせ、心を悦ばせて下さり、快楽安穏《けらくあんのん》を享受《きょうじゅ》させたいのであるから、その衆生を生まれさせる方法を講ぜねばならんのであります。

4　「諸仏浄土の因《いん》、国土人天の善悪を覩見《とけん》して、無上殊勝の願を建立し、希有《けう》の大弘《ぐ》誓《せい》を超発《ちょうほつ》せり」とはその事であります。「諸仏浄土の因、国土人天の善悪を覩見して」とは、法蔵菩薩のご心配のありさまを述べられたものであります。他の諸仏にはその諸仏の願と行とにしたがって、種々の国土が建設されてあります。たとえば、釈尊が仏となられたから、この世界は釈迦仏の国土と申すのであります。しかしながら、この世界の衆生には善人もあり悪人もある、悪人のあるところは苦悩のやまないところでありますから、全く誰もが幸福安楽であるということはできないのです。ちょうどそのようにあらゆる諸仏の浄土は、その因が完全無欠といえないから、その国土の人民がすべて善人のみということはできないのであります。したがって、そこへ生れた衆生は、その以前に比べれば幾分の幸福ということはできても、十分ということはできないのです。たとい立派な浄土が建設されても、その国へ生れる因が困難であっては、誰でも生れるというわけにはゆかないのであります。それゆえ、世自在王仏は法蔵比丘の殊勝なる願により、広く二百一十億の諸仏国土のありさまと、その住民の善悪の状態を説かれました。法蔵菩薩は、それらの仏国の長を取り短をすて、善をとり悪を捨て、妙《めう》をとり麁《そ》なるものをすてて、完全無欠といおうか、善美兼ね備わるといおうか、最上無上のもののみを選び取って、これこれの浄土を建設したいという本願を発《おこ》されたのであります。それを選択摂取せられたと申すのでありまして、無上殊勝の願を建立せられたとはこの事であります。四十八願とは実は無量の願でありましょうが、その綱領を四十八とせられたのでありまして、その四十八願はこれを大別すれば、一切衆生すなわち十方衆生を救う能力者の仏とならんという願と、わが国土の荘厳を完全なる善美雙《なら》びなきものにしたいとする願と、それからいかなる衆生をも摂取してその国に生まれさせようという願との、三大願となるのであります。「希有の大弘誓」とは第十八願のことであって、わたしどもを生まれさせて救うためには、なんらの条件の行があるのではなく、全くすべてが他力によって、信心を発させて、救いとろう生れさせようとの、他力救済の大願を発して下されたのであります。「希有」とは珍しいありがたいということであります。救われたいならば、自分に願を発《おこ》し行《ぎょう》を修めて、幸福になるのが当然の道理であるのに、他力の大慈悲は、普通の道理に超えておるのでありります。もちろん、諸神諸仏の救済法に超えたる、十方衆生いかなるものをもという大慈悲の弘《ひろ》い大きな御誓いであります。

## 5

わたしは、子供の時からこの『正信偈』を読まされたのですが、何の事かさっぱり解らないなりに読み馴らされてきたのです。しかし少し物心がついて文字が解るようになってからは、『正信偈』を拝読するたびに困るのは、この「法蔵菩薩因位時、在世自在王仏所」とある文字であります。中学を過ぎ大学を終っても、やっぱり困ったのはこのところでありました。

学校で教わっても、釈尊までは疑いもなく歴史上の方でありますから、釈尊のことならば、疑うことなく受領することができるのですが、たとい釈尊が説かれたことであっても、十五劫《こう》の昔に、この地上に、法蔵比丘と世自在王仏とがおられて、五劫の間思惟《しゆい》せられたとか、永劫《ようごう》の間修行をせられたとか、その仏が助けて下さるとかいうことは、何としても受け入れられないことであります。しかるに、親鸞聖人が、「法蔵菩薩因位の時」と、平気でしかも、さも現前の事実の如く、何の疑いもなきが如く、敬い喜んでおられるのには、すくなからず困らされたのであります。しかし今にして思えば、わたしどもは学究的態度とでも申しましょうか、釈尊という人の存在を確め、その所説の虚実を確めて、しかる後に信ぜんとする心をもっておるのであって、それと同様に、阿弥陀仏に対しても、その存在を確め、その所説の虚実を確めて後、これを信ぜんとしておったからであります。しかるに、その心のやまない限り、このようなお言葉はわたしどもに躓《つまづき》を与えるのでありまして、それは歴史的に確信を得ようとしても得られるものではありません。それは自分自身が求道して、他力信によって救われることができたとき、初めてこのような釈尊の語が、そのまま、ためらいなく信受できるようになるのであります。それゆえ、今はこの言葉の如く信じておけばよろしいのです。たといまた幾分の疑いがあっても、このまま、聖人の言《ことば》を聞き、釈尊の言説《げんせつ》を承《うけたま》わって、ただ一向《こう》に自己の助かる道を求めて、求道的態度をもって他力信心の道へと心の歩みを進めてゆけばよいのです。しからば、ついには聖人と同じく躓《つまづき》なしに、こういう言葉を受け入れられる時がくるに違いありません。

# 第二章　五劫の思惟と永劫の修行

五劫《こう》思惟《しゆい》之《し》摂受《しょうじゅ》　五劫に之《これ》を思惟して摂受す

**語の略解**

(1) **五劫**とは、非常に長い時間をあらわされたのである。

(2) **思惟**とは、思い考えることである。惟とは、唯一筋に思うことである。

(3) **摂受**とは、四十八の願として、心にしかと摂《お》さめ受けて、十方衆生をたすけ取ることができるに定まったことである。

## 1

五劫とは非常に長い時間をあらわす言葉であって、一劫という解釈に種々ありますが、その一例をいえば、高さ四十里、広さ四十里の石を、天人が三年に一度降りてきて、極めて軽いその羽衣をもってその石を撫でるとする、そしてその石がついに磨滅したその時間の長さを一劫というのであります。これは非数量を数量をもってあらわすといって、われわれの心をもっては想像もできない長い時ということであります。しかし相対世界のわれわれ凡夫《ぼんぶ》には、ただ長い間といっても一向に長い時間という思いがせぬ、それゆえこう言いあらわさねば、真に長いということを心に思い浮べることすらできないために、強いて十劫とか五劫とかいう文字をもって顕わされたものであります。

## 2

法蔵菩薩は五劫という長い長い間、十方衆生いかなるものをも救うことのできる能力者の仏であろうとして、また苦悩の衆生を幸福極まりなきものとするために、その仏国を清浄に荘厳したいために、なおまた、十方衆生をことごとくその国に生れさせて、その幸福を受けさせたいために、それらの事のためには如何にすればいいかと、このような念願のために、五劫の間、思いを凝らし考えをめぐらして、ついに決然として本願を建て畢《おわ》り、衆生を摂め取り受け入れる道を完了なさったのであります。願を建て畢《おわ》ったということは、衆生を摂取し畢《おわ》られたことであります。

## 3

大工さんが家を建てる時には、まず最初に、いかにすれば住み好いか、いかにすれば光線がはいるか、いかにすれば美であり、いかにすれば堅牢であるかと、それはそれは苦心して、わたしども常人の考えおよばないほどの思惟思案を凝らすのであります。そして「宜《よ》しこれでよい」と決定した時には、もはや家ができ上ったのであります。東本願寺の両大堂を仰ぎ、内部を仔細に拝見するとき、わたしはいつも驚くのであります。「どうしてこのような設計をしたものか」と。聞くところによると、大堂が落成したとき、総棟梁《とうりよう》はこの建物に楔《くさび》が何個使用されておるかを、計算したものがあれば、自家の相続者にしようと、言ったとかいうことですが、設計者には初めから、頭の中に数え尽してあるのだそうです。ここまでくると願《がん》はすなわち行《ぎよう》であります。それゆえ発願《ほつがん》がなかなかでありません。その願が建って行となってゆくのです。願は必ず行となり、行は必ず願を成就《じようじゆ》するのです。それゆえ、行ばかりあってももし願が不確実であるならば、願は成就しないのです。故に、聖人は「五劫思惟之摂受」といって願のみをあげて行を略せられたのであります。

## 4

五劫《こう》の御思案、永劫《ようごう》の御修行と申しますが、たった四十八の願を考えるのに、五劫もかかられたかと思うかも知れませんが、このような大念願をかならず成就せんとして、それを四十八に要約して発願《ほつがん》せられたのですから、非常なことであります。それは四十八の一願一願を静かに静かに味わうならば会得されることです。わたしどもは種々なる願を毎日起しますが一向に行が伴いません、これを唯願無行といいます。たとい多少の行が伴っても、その願どおり成就しないような願ばかり建てておるのです。ちょうど、下手な大工のようなもので失敗ばかりです。行じて必ず成就するような願を立てるということが、最も大事なことであります。

「五劫思惟之摂受」というお言葉によって、思い出されるのは、『歎異抄』の終りに載せてある、聖人の御言葉であります。すなわち

5
弥陀の五劫思惟の願をよくよく案ずれば、ひとえに親鸞一人がためなりけり、されば、そくばくの業をもちける身にてありけるを、たすけんとおぼしめしたちける本願のかたじけなさよ。

とあるのであります。

聖人は、自分のような罪業の深いものを、助けねばおかんという願をおたて下さったということは何としたかたじけないことかと、いつも繰返し繰返し申されたことであって、しみじみ喜ばれておったということです。弥陀の五劫思惟の願はひとのためではない。全くわたし一人、この親鸞一人を助けんがためであったと喜ばれておったのです。

経典には、如来の願にともなう如来因位の行を示して

6
不可思議《ふかしぎ》兆載永劫《ちょうさいようごう》において、菩薩の無量の徳行を積植《しゃくじき》す。欲覚《よくかく》、瞋覚《しんかく》、害覚《がいかく》を生ぜず、欲想、瞋想《しんそう》、害想《がいそう》を起さず、色、声、香、味《み》、触《そく》の法に著せず、忍力成就して衆苦を計らず。小欲知足にして染恚癡《ぜんいち》なし。……虚偽諂曲《こぎてんごく》の心有ることなし、和顔《わげん》愛語にして意《こころ》を先にして承問す。勇猛精進にして志願倦むことなし。専《もっぱ》ら清白《しょうびゃく》の法を求

めてもって群生《ぐんじょう》を恵利しき。……麤言《そごん》の自害と害彼《がいひ》と、彼此《ひし》ともに害するを遠離《おんり》して、善語の自利と利人と、人我兼利するを修習しき。……或いは長者、居士《こじ》、豪姓、尊貴となり、或いは刹利、国君、転輪聖帝《てんりんしょうてい》となり、或いは六欲天主、乃至梵王《ぼんおう》となり、常に四事をもって一切の諸仏を供養し恭敬《くぎょう》す。かくの如きの功徳称説《くどくしょうせつ》すべからず……とあります。これを兆載永劫の御修行といい、そのすべてが衆生を救わんがためであります。

## 7

古徳は「済衆の仁、芥子《けし》の地も捨身《しゃしん》の処《ところ》に非ざることなし」と申されました通り、永劫のご念力とご苦労は、十方界に遍満して下さっているのであります。しかし、そんなご苦労があったか無かったか、確でないと思う人がありましょうが、それは自己が信に立って初めて、こういうことの真であることが信知されるのであります。親が自分のために苦労してくれたかどうかは、事実としては不確なことです。祖父が苦労してくれたとか、先祖が苦労してくれたとかいうことも、実は不確なことであります。それを証明するものは自分の現在より外にはありません。それと同様に、今日、自分が信心をえて助かった、救われたという事実をほかにしては、如来の願も行も、それは信ずることも喜ぶこともできないのです。他力信心の身となって、真実に自己の幸福を喜ぶとき、われをここに到《いた》らせた一切時一切処に、ただごとならぬ念願とご苦労の籠《こも》っておったことを知るのであります。一歩違っても、ここへは出られなかったのである。一事、一物、一人、一意も、如来のご苦労の大地であって、ご念願の籠っておったためであることを知るのであります。

8

願を成就させるための如来の行は、如来ご自身のためであったともいえますが、それがそのまま、我々衆生のためであり、我々といってはまだ遠い、実はわたし一人のためであったのであります。如来の修行であるご苦労があったから、今日のわたしとなったのである。それゆえ全く如来ご苦労のお蔭なのであります。

願は本であり行は末である。行はわたしに近く、願は遠いのである。しかるに聖人は「五劫思惟《こうしゆい》の願をよくよく案ずれば、ひとえに親鸞一人がためなりけり……」と、如来ご苦労の行を喜ばずして願を喜んでおられるのです。これに反してわたしどもは常に願を喜ばずして行を喜ぼうとする傾向をもっています。友達の親切でもその行為の苦労を見て喜び、これを感謝しますが、その心を受けることを忘れています。心を見ずに物を見る、願心を喜ばずして行為と苦労を喜ぶ、それは浅薄《せんぱく》な喜びであり浅薄な感謝であります。このような傾向があるために、とんでもない失敗を招いたり、人の厚意を受け入れることができなかったりすることがしばしばあります。

聖人は、もとより如来の兆載永劫《ちょうさいようごう》のご苦労を喜ばれたに相違ありませんが、進んでその願心に接して喜ばれたのであります。正しき願にはかならず行が具わっておりますが、行にはかならず心が具わっておるとはいえません。多くの信者は、永劫のご苦労ご苦労といって喜びますけれども、願心に触れて喜ぶ人は少いのです。はるかな古え、五劫思惟の願心を発して下さったことを喜ばれた中には、永劫の行を喜ばれたことは無論のことであります。それは御心に触れられたものとでもいいましょうか、無始以来はるかに遠く、しかも広大なる御恩を喜ばれたのであります。「弥陀《みだ》の五劫思惟《こうしゆい》の願をよくよく案ずれば、ひとえに親鸞一人がためなりけり。されば、そくばくの業をもちける身にてありけるを、たすけんとおぼしめし立ちける本願のかたじけなさよ」とは、いかに崇高なる感謝の高調かと思います。時の真最初に如来の願心があり、今ここに自分がある。最初と最後の中間に、一切人《さいにん》と一切物と一切時の流れがある。今や最後の我が最初の如来心に接して、その中間において人を見、物を見、その事々物々の中に如来念願の流れがあるのを見られた喜びが、「親鸞一人がためなりけり」という喜びであります。

ここに「五劫思惟之摂受」といって如来のご修行を略せられたのも、恐らくは同じ御心であろうと思います。行にのみ眼のとまり易いわたしどもを、願心に眼醒めさせて下さるためでありましょう。

9　礼拝勤行の時に、調声《ちょうしょう》として、「五劫思惟之摂受《こうしゆいしせうじゅ》」――と一段声を高く唱える勤《ごん》行《ぎょう》式があります。それをじっと静かに聞いておると、「五劫《こう》に之《これ》を思惟《しゆい》して摂受《しょうじゅ》したもう」と、内心ふかく響いて来て、いい知れぬありがたさに、思わず頭が下がるのです。五劫の間衆生救済《しゅじょうきゅうさい》の願を思惟して、すでに我を摂受して下さったと聞いては、まことに帰命せざるを得ない次第であります。

# 第三章　重ねて御名を誓いたもう

重《じゅう》誓《せい》名《みょう》声《しょう》聞《もん》十方《ぽう》　重ねて誓うらくは名声十方に聞こえんと

**語の略解**

(1) **重誓**とは、四十八の本願を誓われて、その後に再びこれを三大願として重ねて誓われたからである。

(2) **名声聞十方**とは、三誓願の第三が、「我れ仏道をなるに至りて、名声十方に超えん、究竟《くきょう》して聞ゆる所靡《な》くんば」とあるからである。

**1**

法蔵菩薩は世自在王仏の御前においてまた、一切大衆の前において、四十八の大願をのべてこれを誓われました。そしてその四十八願をのべおわって、さらに語をあらためて、三つの誓いをのべられたのであります。それは先の四十八願を要約して、これを三つの願として誓われたのであります。それゆえ、この三誓のことを重誓《じゅうせい》と申すのであります。

## 2

三誓願《せいがん》というのは、第一が

「我、超世《ちようせ》の願を建つ、必ず無上道《むじようどう》にいたらん、この願満足せずんば、誓う、正覚《しようがく》を成らじ」

というのであり、第二は

「我、無量劫《こう》において大施主となりて、普《あまね》く諸《もろもろ》の貧窮《びんぐう》を済わずんば、誓う、正覚を成らじ」

というのであり、第三は

「我、仏道を成るに至りて名声十方に超えん、究竟《くきよう》して聞ゆる所靡《な》くば、誓う、正覚を成らじ」

というのであります。

この三つの誓願を四十八の誓願の後に、再び重ねて誓われたのですが、わが聖人は「重《じゆう》誓名声聞十方《せいみようしようもん》」といって三誓をあげずに、その中の第三の誓いのみをあげられたのであります。それは第三の誓い一つの中に、第一と第二とを摂含《しようがん》されているのであります。四十八願を要約すれば重誓の三誓願となり、三誓願は第三の「名声聞十方」の一つに帰することを示されたのであります。すなわち四十八願を要約すれば「名声聞十方」という誓い一つになることを知らせようとしておられるのであります。まことに、本願とか誓願とかいいますが、四十八願の一願一願を味読していっても、その要領を捕捉することは、なかなかに困難なことであります。これは方便の願であり、これは真実の願であると聞いても、なおその要領いかんということとなるとはなはだむずかしいことであります。しかるに、いま聖人は、「重誓名声聞十方」すなわち「重ねて名声十方に聞えんと誓いたまえり」といって、衆生救済の本願としての要点は、「名声十方に聞えん」ということにあることを知らせて下さったのであります。

## 3

「名声」とは如来の名号、南無阿弥陀仏のことであります。如来の本願はその名号である南無阿弥陀仏を、十方世界すなわち十方衆生にお聞かせになりたいというにあるのです。すなわち四十八の大願は一名号の南無阿弥陀仏となって諸有衆生《あらゆるしゅじょう》に達し、名号によってあらゆる衆生を済わんとしておられるのであります。要するところ四十八願は一名号の成就となり、一名号は四十八願の結晶に外ならんのであります。

誓いの文面には

「我至成仏道《がしじょうぶつどう》、名声超十方《みょうしょうちょうじっぽう》、究竟靡所聞《くきょうみしょうもん》、誓不成正覚《せいふじょうしょうがく》」

とあるのを、聖人は「重誓名声聞十方《じゅうせいみょうしょうもん》」とせられました。誓いの文面の正しき意味をとらえることの難しいのを、「名声聞十方」といって明瞭《めいりょう》に知らせて下さったのです。われは四十八願を建てて永劫《ようごう》の修行の後、仏果に至ったならば、南無阿弥陀仏という名号が、十方に超え聞こえるようにしたいとの誓いであります。「超十方」とあるのを、「聞十方」として知らせて下さったことは、誠にありがたいことです。「超十方」とあるだけでは、名号の功徳が他の諸仏菩薩の名号の功徳に超え勝れているだけのことと解されます。もっとも弥陀の名号が、十方無量の諸仏菩薩の名号の功徳に勝れておることは無論のことであって、弥陀の名号の功徳は、大日如来とか、薬師如来とか、観世音菩薩とかいう名号の功徳以上に、飛び超えた無上甚深《むじょうじんじん》の功徳利益のあることであり、この世の功徳のみならず、未来の功徳も満足するのであり、衣食住などの現身の幸福のみならず、心の無上幸福を得させて下さるすぐれたお徳があります。しかしながら今は、諸仏菩薩の名号の功徳と比較して、超え勝れているということをあらわされたのではなく、誓いの要は十方世界いかなる所までも行届かせて、名号を聞かせるというのが、本弘誓願の正意であることを明示して下さったのであります。

4

わたしは、前に四十八願は一名号の成就となり、一名号は四十八願の結晶であると申しましたが、「重誓名声聞十方」とは四十八願中では第十七願の意《こころ》であって、第

十七願というのは

「設い我れ仏を得んに、十方世界の無量の諸仏、ことごとく咨嗟《ししや》して我名を称せずんば正覚を取らじ」

とあり、あらゆる諸仏に我名を讃められんということは諸仏以上の徳者たらんということであります、すなわち他力によって救わんという大慈悲であって、全く他力によって救済することを知らせるには、その名号を十方衆生に聞えさせ、聞かせることにあるのでありま す。それゆえ諸仏に讃められ称えられんという願は、衆生をして我名号を聞かしめんという願であります。それで十七願の成就ということは、諸仏に咨嗟称揚《ししやしようよう》せられて、名号を衆生に聞かせることであり、今や釈尊によって、咨嗟称説せられて、わたしどもの耳に聞えているということは、第十七願成就のしるしであります。一願の成就は他の願々の成就を証しておることであります。

他力大慈悲《たりきだいじひ》の仏心は、その出発が十方衆生の救済にあるのであって、それがために、十方衆生はいかなる衆生をも、全く他力によって済い得る能力者たる仏とならんと誓われたのも、衆生中心であり、殊勝《しゆしよう》の浄土を建設せられたのも、衆生を救済して真の幸福を享受《きようじゆ》させて下さりたいためであって、しかしてその衆生を救う道は、ただ一つ名号を聞かせるのにあるのであります。故に「聞十方」と、十方衆生に名号を聞かせることは、その浄土に往生させるただ一つの道であり、名号を聞かせることによって衆生を済いうる仏たらんと誓われた本誓《ほんぜい》ですから、四十八願というも、要は、衆生に名号をお聞かせ下さるのにあるのであります。

「重誓名声聞《じゅうせいみょうしょうもん》十方」と、語は簡単でありますが意味は甚深《じんじん》であります。なるべく解り易く簡単に言い表してみようと思いましても、このような甚深なる意味が、そう簡単に表わせるはずがありません、ただ繰かえすばかりですからこれでやめておきます。

## 5

「聞十方」とある聞ということについてでありますが、『大経』には「其仏本願力《ごぶつほんがんりき》、聞名欲往生《もんみょうよくおうじょう》、皆悉到彼国《かいしっとうひこく》、自致不退転《じちふたいてん》」とあり、また「聞其名号信心歓喜《もんごみょうごうしんじんかんぎ》」ともあります。十方世界十方衆生に我名号を聞かせたいとあるについて、単なる聞名《もんみょう》と聞信《もんしん》の聞名とがありますけれども、とにもかくにも知らせたいのであります。たとい、単に名号を聞くというだけでも、それは如来本願の顕現《けんげん》であって、御名を聞くことによって、やがてその御名を称うれば助かることを知り、本願と名号との謂《いわ》れを尋ねることともなり、いつかは単なる聞名《もんみょう》が称名となり、称名が聞信となって、ついには大智願海《だいちがんかい》に帰入するのであります。それゆえ、たとい単なる聞名であっても、それが縁となって、本願の願意を信

知するに至るのですから、如来の衆生救済の悲願は、「名声聞十方」ということでありま
す。もとより真に聞えたということは、耳に聞くのみでなく心に信ぜられたのが、真に聞
えたことであり聞いたことですから、聞信させせんということが、十方に聞えさせせんという
誓いの真意であることは無論のことであります。

## 6

「仏はいずこに」と仏を尋ねる心がお互にありますが、仏はこれを遠くに探し求め
ても会えるものではありません、南無阿弥陀仏という名声の聞えるところ、そこに
ましますことを知るべきであります。名号によって仏に会うのであります。名号すなわち
仏であります。名号を聞く時、仏はそこに、我前に立ちて在《まし》ますのです。自ら南無阿弥陀
仏と称えて聞名するところ、そこに仏を知るのであります。
如来とはどんな方であろうかという人があります。「重誓名声聞十方」であります。名
号を聞かせようと誓われて、今や名号が聞えておるのです。聞かせ、信じさせて下さろう
としている方であります。信じさせ称えさせて下さろうとしている方であります。名号を
聞くところに仏を知り、名号によりて他力の救済を信ずるところに仏と会い、名号を称え
るところに歓喜《かんぎ》法悦《ほうえつ》の幸福に入るのであります。
法蔵菩薩は四十八願を発《おこ》し、また重ねて三誓を建てられましたが、果してその願が成就

して仏となられたであろうか、という人がありますが、それはわたしどもの発す疑問であるばかりでなく、遠く阿難尊者がわたしどもに代って、釈尊に問いを発しておられるのです。このような質問も今の「重誓名声聞十方」とあることによって、はっきりするのであります。「名声十方に聞えん」と誓われて、すでに今、わたしどもが名号を聞いておることは、法蔵菩薩が本願成就して成仏しておらるることを、そこに知るのであります。

誓いの要は、聞かせようということであり、真に聞かせるということは、信じさせることであります。聞かせ信ぜさせられて、そこに初めて、光明無量と寿命無量の如来を現に知ることをうるのであります。聞と信と称とをほかにして、如来の存在を知る道はないのであります。

「重誓名声聞十方」の一句は、ただ一句ではありますけれども、誠に甚大なる意味をあらわして下さっているのです。

# 第四章　十二光について

普《ふ》放《ほう》無《む》量《りょう》無《む》辺《へん》光《こう》
無《む》碍《げ》無《む》対《たい》光《こう》炎《えん》王《おう》
清浄《しょうじょう》歓《かん》喜《ぎ》智《ち》慧《え》光《こう》
不《ふ》断《だん》難《なん》思《し》無《む》称《しょう》光《こう》
超《ちょう》日《にち》月《がつ》光《こう》照《しょう》塵《じん》刹《せつ》
一切《さい》群《ぐん》生《じょう》蒙《む》光《こう》照《しょう》

普《あまね》く、無量、無辺光
無碍、無対、光炎王
清浄、歓喜、智慧光
不断、難思、無称光
超日月光を放ちて、塵刹を照らす
一切の群生、光照を蒙《こうむ》る

**語の略解**

(1) **普放**とは、十方世界いかなるところにもということであり、十方衆生いかなる衆生の上にも、到《いた》らぬくまなく光明を放ちて照らしたまうということである。

(2) **塵刹**とは、十方《ぼう》微《み》塵《じん》世《せ》界《かい》のことである。小さい塵《ちり》を微塵というが、微塵は数え切れないから、数えつくせぬ多くのあらゆる国ということである。

(3) **一切群生**とは、一切衆生のことである。

(4) **蒙**とは、こうむることであるが、頭だけでも被《かむ》るといい、頭だけ出ておっても被るというが、蒙とは、こっぽり、上は頭髪より下は足の爪先まで全身全体こうむることである。

次に、聖人は、阿弥陀如来の光明の御徳をあげてこれを讃え、衆生がこの如来に帰命して助かるようにと願われたのであります。

## 1

阿弥陀如来の御徳は無量ですけれども、釈尊がこれをつずめて『大無量寿経』の中に、十二光として示しておらるるのにしたがって、ここに十二光の御名をあげられたのであります。

すなわち、阿弥陀如来は、光明を放って、常にわたしどもを照らしておられるのでありますから、誰一人としてこの光明を蒙《こうむ》っておらないものはないのであります。普《あまね》く一切衆生を照らして、無量光と、無辺光と、無碍《むげ》光と、無対光と、炎王《えんおう》光と、清浄光と、歓喜光と、智慧光と、不断光と、難思光と、無称光と、超日月光とを放っておられるのであります。これは十二本の光線が出ておるというようなことでなく、如来の光明には、この十二通りの御徳があって、如来に帰命するに至れば、ことごとくこの御徳を頂くことができるのであるから、光明にそなわる御徳を種々の方面から味わって、この十二の名前をもって讃められたのであります。

## 2

十二光の文字の意味だけを、簡単に話すにとどめておいてもいいのですが、この十二光の御徳は、聖人が非常に喜ばれておると同時に、これをわたしどもに知らせて下さって、その御徳に浴する身とならせたいという、切なる願をもっておられるのですから、この十二光については、少し委《くわ》しく話しておきたいと思います。

『浄土和讃』を披《ひら》きますと、冠頭の二首の次には

弥陀成仏のこのかたは　今に十劫《こう》をへたまへり
法身《ほっしん》の光輪《こうりん》きはもなく　世の盲冥《もうみょう》をてらすなり

とありまして、これは如来光明の御徳を、まず全体として讃嘆《さんだん》せられたのであります。そしてその次に

智慧の光明はかりなし　有量の諸相ことごとく
光暁《こうぎょう》かぶらぬものはなし　真実明に帰命せよ

とありますのが、すなわち無量光としての御徳を讃嘆せられたのであります。以下一首ずつで十二光を讃嘆せられております。この十二光の徳相を『和讃』の最初に示して、そして「帰命せよ」とすすめておられるということは、考えれば考えるほど、味わえば味わうほど意味の深いことであり、ありがたいことであります。

# 第一　無量光

## 1

智慧の光明はかりなし　有量の諸相ことごとく
光暁かぶらぬものはなし　真実明に帰命せよ

如来の御智慧は、衆生をみそなわして、いかにして助けようかという御はからいとなって、その御はからいがわたしどもにおよぶのですから、それを光明のはたらきというのであります。それはちょうど、光が物を照し育てるように、また闇を照らすように、わたしどもの心の闇を照らして、明るくして下さるのであります。一体わたしどもがいろいろの事に苦しみ悩んでおるというのは、その根元を探ってみれば、わたしどもには智慧の明《めい》がなく、愚痴であり無明であるからであります。だから如来がわたしどもを助け救われるということは、つまりわたしどもに智慧の明を与えて下さることであります。如来がわたしどもを愍《あわれ》んで救おうと御思召くださるのは、如来の慈悲ですけれども、いかにして助けようかということは、如来の御智慧であり、その御はからいと御はたらきとを、光明の御照らしというのであります。それゆえ、如来の光明を「智慧の光明」と申すのであります。

## 2

「光明はかりなし」とは無量光《むりょうこう》を意味されておるのであります。過去より現在にいたり、現在より未来にかけて、限量なき御光であって、一切の衆生は一人としてこの御光を蒙《こうむ》らぬものはないのであります。「有量《うりょう》の諸相《しょそう》」ということは、一切の物ということであって、一切のものという中には、山川国土草木《さんせんこくどそうもく》事々物々があり、また一切衆生すなわち生とし生けるものも含まれているのであります。その中のわたしどもは、無論この御光《みひかり》の御照らしと御育てを蒙っているのであります。

「光暁《こうきょう》かぶらぬものはなし」とありますが『正信偈』では「塵刹を照らす、一切群生、光照を蒙る」とあります。「塵刹《じんせつ》」とは塵の如く数知れぬ多くの国ということで、十方世界を照らして下さるということであり、「一切群生、光照を蒙る」とは、一切衆生、一人としてこの御光の御照らしを蒙っておらないものはないということを知らせておられるのであります。知ると知らざるとの違いであって、如来の方からは一物として照らさざる者なき光明であります。

信ずれば照らして下さるように思い、信ぜざれば照らして下さらないように考えますが、それはもったいないことであります。如来よりすれば、「有量の諸相ことごとく」であり、「一切群生、光照を蒙るなり」であります。夜は明けはなれて、すでに仏日は東天にかがやき照らして下さっているのであります。それゆえに、その御仏に帰命せよと勧められているのです。自分一人の上をお照らしになっているのみにあらず、一切群生の上に照らして下さっているのであるから、親子兄弟友人、一切の人々の上にも照らして下さっているのであり、事々物々総ての上にも、御光のお到りにならぬところはないのであって、それは如来が真実明でいらっしゃいますからであります。「真《しん》」とは偽の反対であり、「実《じつ》」とは虚の反対であり、「明《みよう》」とは真の智慧であり光明であるところの如来のことでありま す。我々の心は愚痴の無明でありますが、如来は真実の智慧であって、偽《いつわ》りや中味のない空虚の智慧ではないから、如来徳号《とくごう》の別名を「真実明《しんじつみよう》」と申しあげるのであります。

## 3

わたしどもの苦しみ悩む心には、どこにも安心の地がないのであります。何を考えても何をどうしても、安価な安心をしておけばそれまででありますけれども、少し真剣に考えるならば、考えれば考えるほど安心が不安となり、希望の光に輝いておった心が暗黒となって、すぐに行詰ってしまうことばかりであります。それは本より智慧がなく愚痴《ぐち》であるからであり、智明《ちみよう》がないためであります。金が光であると思っていたが、それもついには我《われ》を照らさず、我を育てず、我を助けなくなります。名誉を光であると思っていても、名誉も我を慰めず、我を幸福に育てず、我が一切の苦悩を救わず、却って名誉が我を苦しめ悩ますようになるのは、それは名誉が真の光でないからであります。妻は夫を光であると思い、親は子を光であると思っており、夫は妻を光であると思っており、我が学識才能を光であると思っておって、光はどこにもある、外にもあれば内にもあると思っておりますが、しかし、よくよく考えて見ると、光は内にも外にもどこにもなくなって、我が心は闇中を辿《たど》って悩むばかりとなるのは、外にも内にも真実の光がなかったということであります。ただ如来のみ真実明でいらっしゃいます。この光明のみが真実であって、すでに我上《わがうえ》にいらっしゃいますことを知れば、誰かこの如来に帰命せずにおられましょう。

## 4

人々よ、たといいかなることがあっても、悲観すべきではない。それは真実明なる如来、常に我上にいらっしゃるからである。真実なる光明の我上にいらっしゃることを知らざるものは永久の闇であるが、一たびこの御光《みひかり》を知れば、光明は自他の上に照らしていらっしゃるのであるから、世は光であって、決して闇ではない。真実明を知って真実明の如来に帰し、如来をたのむもののみ、常に平安と光明を得て、如来の智慧明は我が智慧明となって下さるのである。それが如来大悲の功徳であります。幸不幸はこの御光を知ると知らざるとにあり、如来に帰命するか帰命せざるかにあるのであります。

5 「光暁《こうぎょう》かぶらぬものはなし」の一句は、忘るべからざる警句であります。「光」とは如来の光明のことであり、「暁《きょう》」とは太陽の耀きはじめた曙《あけぼの》の光を、如来の光明の譬《たとえ》とせられたのであって、夜は明けはなれておるぞということであり、光明の世界なるぞ、ということであります。

## 第二　無辺光

1 光明の御徳相として、十二光をあげられたその第二の無辺光《むへんこう》について述べようと思います。第十二の本願には、「我が光明は限量なからん」と誓われまして、光明に限量なからんと誓われたことが、すなわち如来の大慈大悲を示しておられる事であります。無限無量ということは、時間的にも無限無量であり、空間的にも無限無量であります。時間的にとは、過去遠々の昔より今日まで、お照らし下さっていることであり、現に今日ただいまもお照し下さっており、また永遠の未来かけてお照らし下されることであります。空間的にとは、いかなるところまでもということですから、たとい時間的に過去も現在も未来もといっても、それにどれだけの範囲という幅に限りがあるということでないことを、知らせようとしておられるのです。つまり、尽十方ということであり、十方衆生ということですけれども、委《くわ》しくいえば、時間的にも空間的にも限りなく照らされる御光といわねばならんのです。「今に十劫を経たまえり」とあるから、時間的に、往古より今日までという意味があらわれていますけれども、なお「智慧の光明はかりなし」といって、無量という意味を明らかにし、次には「光輪きわもなし」と、その光明には辺際のなきことをあらわされたのが、聖人の『浄土和讃』の第三首目であって、

　解脱《げだつ》の光輪きわもなし　光触かぶるものはみな
　有無をはなるとのべたもう　平等覚に帰命せよ

と申されたのであります。

ただ無辺光とあるだけでは、広大ということだけしか考えられませんから、聖人はこの和讃をつくって、無辺光の尊き所以《ゆえん》を明らかにして下さったのであります。それゆえ、この一首の和讃の意味をのべてみようと思います。

## 2

如来の光明を、「解脱《げだつ》の光輪」というのであります。仏とは解脱した方であるから、その光明の御徳は、わたしどもの悪業煩悩の根本を砕《くだ》いて、わたしどもを苦悩より解脱させて下さることは、車の輪が硬い石を砕くようであるから、光輪と申すのです。如来には解脱の御徳がある、すなわち如来は解脱であるが、わたしどもは常に纒縛《てんばく》であり、

繋縛（けばく）であります。くくられ、しばられ、つながれておるがために、常に自由が得られないのであって、自由がないということがわたしどもの苦悩であります。如来は、みずからは解脱を得ておられて、他を繫縛から解脱させ得る御徳をもっていられます。それゆえ、その御光に触れたものは、皆悉《ことごと》く解脱を得て自由の身となるのであります。触れるということは、身に触れることではあるが、実は心に触れることであって、いくら身に触れておると思ってみても、心に感じなければ身に触れたとはいえぬのですから、身に触れるということは、心に触れたことでなければならんのであって、心に触れたものこそ身に触れたといえるのです。それゆえ、「光触かぶるもの」ということは、「信心を得た者は」ということであります。聞けども信ぜざれば聞かざるが如し、というのと同様であります。

3

「有無をはなる」ということは、詳しく話せば、ずいぶんむずかしくなりますから、簡単に話すこととしますが、わたしどもの煩悶《はんもん》苦悩ということは、一言にしていえば自由を得たいということであって、自由が得られないということは、何かに繫《つな》がれており、囚《とら》われており、纏縛《てんばく》されておるからであって、その根本となるものは何であるかといえば、それは物の問題のみでなく、実は思想の問題であります。それを知らずして、我を繫縛して苦しめているものは、他の人がいけないからだとか、外物のためだとか、境遇が悪いからだとばかり考えて、心を種々に働かしますけれども、その原因が実は我が内心、思想の欠陥《けっかん》から来ておることを知らないのであります。故に、今はわたしどもの間違って考えている心、すなわち邪見《じゃけん》を示して、有無の二見と申されておるのです。如来は解脱の光明を照らして、この有無の邪見を砕き、悪業煩悩の根本を破壊して、そして解脱自由の心身とさせようとしていられるのであります。

4

有見と無見とを有無の邪見といい、断常の二見ともいいます。断見とは無見のことであり、常見とは有見のことであります。見とは見方ということであって、意見とか智慧とかいうことであります。わたしどもの心は、すべてのものを有《ある》と見るか、無《なし》と考えるかのこの二つの考え方しかもたないのであります。このような見方から、それがついには自分を繫縛《けばく》して苦しめるようになり、この繫縛から脱して自由を得んとして、そこには悪業煩悩《あくごうぼんのう》を起さねばならんこととなって、永久苦悩から脱することができなくなり、繫縛から解脱することができないこととなっているのです。それゆえ、この有無の二見を邪見と申されるのであります。

有見とは、自分に対しては、我《われ》というものは、今日存在するが如く、永久ここに存在するものであるという考えであります。魂は身が亡びてもここに存在しておるものという考え方であり、また我という肉体は、いつまでもここに存在するという考えです。馬鹿なことをいうな、現代の者は子供でも人間は死ぬ者ということぐらいは知っておる、という人があるかも知れませんが、実は知らない人ばかりといってもいいのです。理論としては、毎日々々誰が死んだ彼が亡くなったと言ったり見たりしていますから、時には、自分も早晩死ぬであろうと思って見ることはあっても、事実として実際は何と思って日々の事をしておるかと、静かに静かに反省してみるならば、本当に自分の死ぬということを考えている人があろうかと思うほど、我は死なないものと堅く自信して、その上から万事万端のことをやっているのであります。死なないもの、死んでも死なぬと考えておるから、口では五十年とか百年とかいってはおるが、実は無際限であり無限であります。それゆえ、心配したり苦しむ時も、無限に苦しむのであります。それがために煩悩を盛んにして頻《しき》りに悪業を積むのであって、これを自縄自縛《じじようじばく》の苦しみというのです。経典の上では、これを我々《がが》所《しょ》の観念といっておられます。我《が》とは我《わ》が魂と我《わ》が身の永久に存在するという考えであり、我所《がしょ》とは所有の観念であります。我《が》の観念が強いほど執着が強い、執着が強いほど所有の観念が強い、このように執着が強いから永久に苦しまねばならんこととなるのであって、いつまでやっても、それでは決して安楽にもならねば、自由にもならないのであります。

また、外界外物に対しての有見は、一切万物を永久の存在であると見る考え方であって、これも哲学的に論ずれば大議論の存することですが、平易にいってみれば、自分の山や田地は永久になくならないもの、自分の親も妻子も財産も、永久の存在であるとして、永久の所有観念をもっておるのです。それがために毎日は貪欲《とんよく》と瞋恚《しんい》と愚痴の煩悩心が熾《さかん》であり、悪業を積みつつあるのであります。このような苦悩纏縛《くのうてんばく》の衆生を覚醒させるために、釈尊は「無常」という語によって、世の真理を示されたのであります。外界の事物も自分も、無常であるということを知っただけでも、それがどれだけ人々の苦悩を軽くすることかと思います。

## 5

無見とは断見のことです。常人凡夫《ぼんぶ》の智は、右に失敗すれば左こそは真理であると考えるのです。左を間違であったと知ると、しからば右と考えることが正しいと思うのです。右か左か、極端にゆくより考え方を知らないのです。有《う》とする考え、常《じょう》と見る考えで押し進んで、これこそ真理であると思い込み、どうしてもその考えでは苦悩が去らず、却って苦しくなることを知ると、今度は全く反対の極端に向うのであります。すなわち有見に立った囚われから離れるためには、極端にも、空見という無の見解に入ろうとします。つまり有っても苦しい時には無い方がよいというような考え方です。我《われ》というものは仮《かり》のものだとか、我というものは肉身も魂も、死ねば一切無に帰するのであるから、本来は無であり空であるとか、世界万物も、有ると思うから有るのであるが、実は空なるものであって、有《う》と見るのは全くの誤謬《ごびゅう》であるとし、外物も自我《じが》も空無《くうむ》であると考えることによって、繋縛《けばく》の悩みから解脱《げだつ》して、自由を得ようとするのであります。このような考え方によって、有執《うしゅう》の苦悩から脱がれることができたようですけれども、実際生活においては、親なり妻子なり我なり財産なりを、まったく空《くう》と見、無と観ぜらるるかというと、依然として親なり妻子なりを棄てることもできず、もっとも自分自身の命も大事、身も大事、日夜はそれがために苦慮しておる自分をみすごすことはできないのであって、金銭も財産も決して忘れられないのである事実を、どうすることもできないのであります。それはただ有見のかわりに無見をとって、一時のがれをしてみたのであり、右肩の重荷を左肩に肩を代えたに過ぎないのであります。ですから、それは正しい考えではない邪見であると申されるのです。この考え方が一種の虚無《きょむ》思想となるのであります。現代人の多くはこのような虚無《きょむ》的の思想病にかかっておるのです。この虚無的の思想に囚《とら》われると、因果という理法を少しも信ぜなくなって、真理とか、道とか、正邪というようなことは考えようとしなくなり、ただその時その時の出逢いがしらに、その時その時の便宜にしたがって、どうでもして何とか過せばそれでよいのだというように、すべてを偶然のこととして見てゆこうとするようになるのです。すなわち事の原因を考えようとせず、結果を考えようとしないのです。それゆえ、宗教とか信仰というような、精神上のことには、耳を傾けようとしなくなるのであります。

## 6

有見の城に閉じ籠らなければ、無見の城に閉じ籠るのです。往古より今日まで、思想の流れは、この二大潮流の外はないのです。そして有見は無見を貶《おと》しめ、無見は有見を蔑《さげす》んでいますが、いずれもそれは邪見《じゃけん》であって、邪見といわれるかぎり、このような偏見は、そのいずれであっても、繫縛《けばく》を解脱《げだつ》することがなく、自由と平安とは得るときがなくして、ますます盛になるのは悪業煩悩《あくごうぼんのう》であって、それがためにはただ苦悩を深めるばかりでありあます。

## 7

有と見る見方をする者と、無見に立つ者との二類のみかというと、そうはっきり、理論上にも実際上にも、明瞭に自信しておる人はないのであって、多くは、時には有見派となり、有見主義で困りつめると無見派となり、無見主義で困ると有見派となって、常に有と無との間をさ迷っておるのであります。幾度替えてみても、有見でも助からないが無見でも助からないのであります。それが邪見といわれる所以《ゆえん》であって、どちらにしても繋縛《けばく》不自由の苦悩は免《まぬが》れないのであります。それゆえに、有の邪見と無の邪見とを離れなければ、自由と平等は得られないのであり、邪見を離れたところにこそ、真の平等があらわれてくるのであります。如来は邪見をお離れになっているがゆえに、如来は寂滅平等の御心であります。それで如来を「平等覚《びょうどうかく》」と申し上げるのであります。平等覚を得ていらっしゃる如来は平等の大慈悲であり、平等の大慈悲なるがゆえに、解脱の光輪は、辺際なく照らして下さっているのです。わたしどもはこの如来に帰命することによってのみ、初めて有無の二見を離れることを得て、有見に囚われず、無見に囚われず、ここに自由と解脱と平等の天地に出ずることを得るのであります。

## 第三　無碍光

1

わが聖人は、如来の十二光の御徳の代表として、特にこの無碍光《むげこう》の御徳をよろこばれて、つねに、帰命尽十方無碍光如来《きみょうじんじっぽうむげこうにょらい》という御名号《おみょうごう》を、礼拝されておったと申すことであります。それは天親菩薩が如来の光明の御徳をほめて帰命尽十方無碍光如来と申されたのによられたのであります。

如来の光明には無碍《むげ》の力がおありになりまして何ものにも碍《さ》えられずして、その御光はわたしどもの上に達しついにはわたしどもの心の闇を払って、如来に接せさせねばおかぬという御力であります。何ものにも碍えられない如来無碍光の御力が、わたしどもに達すれば、如来の無碍光の御徳によって、わたしどもは一切のものに碍えられない自由の心、自由の身となる徳を頂くこととなるのであります。

## 2

わたしどもの苦悩というものは、一切のものと一切のことについて、つねに有碍《うげ》であるということであります。あらゆる事物が思うようにならず、苦しい悩ましいということは、つまり、何かが心の障碍《さわり》となり、心に障碍があるから、物が障碍になるのでありますけれども、それは心ではない物が障碍になるのであるといい、事情が障碍になるのだと思いますけれども、物や事が障碍になると思うのは、実は心一つによるのであります。貧乏も苦にする心があるから貧乏ということが苦になるのです。何事でも心ひとつが苦にせねば、その事は苦とはならないのです。心が苦にしますから、すべての事が苦になるのであります。それゆえ心ひとつが、何ものにも障碍《さわり》を感ぜずして自由となることができれば、それが最幸福ということであります。事や物に囚われておるから苦しいのであります。障碍を感ずるということは、物や事情に囚われておって、自由が得られないということであります。

## 3

光雲《こううん》無碍《むげ》如虚空《にょこくう》　一切の有碍《うげ》にさわりなし
光沢《こうたく》かぶらぬものぞなき　難思議《なんしぎ》を帰命《きみょう》せよ

聖人は、この無碍光の御徳を讃嘆して、『和讃』にこのように申しておられます。光はあらゆるところに遍《あまね》く達し、雲はすべてのものの上におよんで、物を潤おし物に浸入してゆきますから、無碍光を光雲にたとえ、無碍にして虚空の如く、物に碍《さ》えられることなく、一切処に到ること空気の如しと申されたのであります。

「一切の有碍」とは、内碍《ないげ》と外碍《げげ》であります。これを人法の二障とも申します。法とは一切の物、すなわち山や河や家や物という外物であります。人障とはわたしどもの邪智《じゃち》と邪見《じゃけん》のことです。わたしどもの邪見と憍慢《きょうまん》心と悪心とは、無碍の光明を受け入れようとしないで、却って極力反抗して障碍《しょうげ》するのであります。しかしながら、如来の大慈悲と如来の無碍光の御力は、すべての障碍物に碍《さ》えられず、あらゆるものを通して、わたしどもの悪業煩悩にも障《さ》えられず、つねにわたしの周囲にいたりわたしの心の中に透入して、照らし潤おし育てて下さっておるのであります。

「光沢かぶらぬものぞなき」とは、真におそれおおいことであります。知るも知らぬもすべての人々は、悉《ことごと》く無碍光のご恩沢を被《こう》むっておるのであります。信ずると信ぜざるの相違こそあれ、無碍光なるがゆえに、お到りにならぬところはないのであります。それゆえに、尽十方無碍光《むげこう》如来と申し上げるのであります。聖人は、『唯信鈔文意《ゆいしんしょうもんい》』の中に

この報身より、応化等《おうげとう》の無量無数《むりょうむしゅ》の身をあらわして、微塵世界に無碍《むげ》の智慧光をはなたしめたもうゆえに、尽《じん》十方無碍光如来《ぽうむげこうにょらい》と申す。

と申されております。わたしどもの悪業煩悩に碍えられることのない御光なるがゆえに、悪業煩悩のわたしどもが助けられるのであります。

その御慈悲と御徳とは、凡夫《ぼんぶ》の我々としては思い尽しがたく、言葉にも申しつくしがたきゆえに、仏を「難思議《なんしぎ》」と申すのであって、切にこの如来に帰命せよとおすすめ下さっておるのであります。

## 4

無碍《むげ》の光明は、すべての物に碍えられず、すべての物の上にあらわれて、わたしどもの悪業煩悩に碍えられることなく、我が心の中にまできて下されておるのですけれども、多くの人々は、どこにそんな光がきておるかと思うことでありましょう。しかし、信心の眼の開けた聖人にあっては、それは眼前の事実であり、信心の眼のなき人々にあっては、知ることも見ることもできないことであります。それゆえ、聖人にあっては「難思議を帰命せよ」と、信ずることを勧めておられるのですが、わたしどもにあっては、なか

なか信ぜられないのであります。無碍光はつねにきておられても、わたしどもの邪見のため、自力憍慢《きょうまん》心のために、信ずることができないのであります。しかしながら無碍光なるがゆえに、あらゆる人を通し、あらゆる物を通して、順縁《じゅんえん》と逆縁《ぎゃくえん》との一切の事物の上にあらわれて、我に迫りせまって、わたしどもの我慢の角を折り、悪業煩悩の邪見を破って、ついには自力我慢をすてて如来に帰命せざるを得なくなるまで、我心の底を照らし破らねばやまぬ、御慈悲の御徳がおいでになるのであります。

人生というものは、如来の無碍光と凡夫の自力我慢との戦闘場であり、相撲場のようであります。我が心の無明が勝つか、如来の智慧光がお勝ちになるかであります。ついには如来の御光に破られて、きっと降伏して帰命せざるを得なくなるのであります。それは如来の智慧光が無碍光なるがゆえであります。我慢我情の強いものほど、苦悩も長くまた烈しいのであります。ある人は、自分の信の身となった喜びを歌って、「無碍光に十方世界を照らされて、かくれ家なくてとらわれにけり」と申されたそうであります。

## 5

如来は尽十方無碍光なるがゆえに、如来に帰命したものは、その御徳を頂いて、何物にも障碍せられざる、自由人となることを得るのであります。『歎異抄』の第七節に聖人が念仏者は無碍の一道なり。そのいわれいかんとならば、信心の行者には、天神地祇も敬伏し、魔界外道も障碍することなし、罪悪も業報を感ずること能《あた》わず、諸善もおよぶことなきゆえに、無碍の一道なり

と申されているのは、そのような信心の幸福を喜ばれたのであります。

如来の光明には十二の御徳がおありになりまして、その光明は、現にこの世界の上に、現に私の上に、きて下さっていることを知らせたいのであり、そのために「一切の群生光照を蒙《こうむ》る」と申されたのであって、如来に帰命したものは、この十二の御徳を現在の我身に頂くことを得るのであります。それゆえ聖人は、十二光を一々讃嘆して、ひとえに如来を信じさせたいのであって、それがために「帰命せよ帰命せよ」と、しきりに勧めていられるのであります。

## 6

まことに、聖人の出現は如来の出現であります。むかしは如来の御徳をいかに讃えても、その利益は死後であるとのみ考えられておったようであります。もっぱら死後の極楽往生のみが目的とされておったのでありました。それゆえたとい、いかに本願が尊まれ念仏が喜ばれても、それは死後の幸福ばかりのことであって、死という黒い鉄門の向うにのみ如来の光明があって、その光明は鉄門よりこちらの人生には、およばないもの

として考えられておったようであります。したがってその光明の種々の御徳はついに我がものとはならなかったのであります。それゆえ、阿弥陀仏といえば、未来を助ける方であって、その光明の徳は現在に達せないのですから、この世は自分の智慧と力とで幸福とならねばならんのであり、したがって、自分の苦悩は自分でなくするより仕方がなかったのであります。もし自分の力で苦悩が去らず、安心も、自由も、歓喜も、とうてい得られないとなると、そこに神の力でも借らねばならんこととなり、未来は仏様、この世は神様という考えが、一般の宗教思想とならざるを得なかったのであります。それがために、そこから種々の迷信といわれるものが起って、吉日良辰《きちにちりょうしん》の信仰となり、卜占祭祠《ぼくせんさいし》の信仰などとなるのであります。口に念仏を申しながら、心には本願を信ずると思いながら、如来の光明はこの世、この身の上には達して下さらないと思っておったのであります。しかるに、わが聖人によってこの遠かった仏が最も近くなったのであります。それでこそ助かるのでありますす。聖人の信の教は、如来の十二光の御徳を現在世、現在身の上に頂くのであることを、知らせて下さったのであります。すなわちその利益は、この心この身から始まるのであって、そして未来も永遠の幸福利益にあずかるのであります。それゆえ聖人の出現によって今まで御光を碍《さ》えておった妄見《もうけん》が打破せられて、如来の光明がこの世に耀き、この身この心に達したのであると申すことができます。わたしどもは、ここに初めて如来の光明に接することができて、光明の御徳に浴する幸福を得たのであります。

## 第四　無対光

1　無対光《むたいこう》と、その次の炎王光とは、他と比べて、阿弥陀如来の御光の、勝れさせられてあることを、讃嘆されたのであります。

何に対比するのかというと、それは、他の諸仏の光明や、諸々の菩薩の光明や、諸神の光明の力と比べて、その勝れておられる光明の御徳を讃えられたのです。

そしてその光明は、どういうふうに勝れておられるのか、何が勝れておられるのかというと、吾人凡夫《ごじんぼんぶ》の罪を滅ぼし消して下さる力が、勝れさせていらっしゃるのであります。

2　清浄光明ならびなし　遇斯光のゆえなれば
一切の業繋ものぞこりぬ　畢竟依を帰命せよ

無対光の御徳をたたえて、『和讃』にはこのように申されております。

「一切の業繋《ごうけ》」とは、わたしどもの苦悩の状況を示されたのであります。

わたしどもが苦しい悩ましいというその相《すがた》を、も少し委《くわ》しくいうならば、それは繋縛《けばく》されておる心の状態をいうのであります。繋《け》とは、つながれておってその綱を断ち切ることができない悩みであります。縛《ばく》とは、くくられ、しばられておる心の状態であり、思うようにならない不自由の苦痛であります。

夫婦生活が苦しいとか、悩ましいとか申すことがありますが、そんなら離別すれば、その悩ましさは去るのであります。しかしながら、それがどうもそうはならないのであって、見えざる綱に繋《つな》がれて、この綱の繋《つながり》が切れないのです。もし離れて行こうとさえ思わなければ、綱はゆるんでいますから、その範囲では自由なのでありますが、ますます遠く自由に離れてゆこうとすると、この目に見えない綱は、一ぱいに張り切って繋がれておることが明らかに解るのです。力をこめて、引切ろうとすればするほど、鋼鉄製のようなこの綱は、いよいよ自分を締めて苦痛を一層ひどくするばかりであります。そうであるからといって、そのままにじっと堪《こら》えておるということもできない。それゆえ、一ぱいに引いて見て切ろうとしたり、いかにしても切れないと、綱をゆるめて我慢をしてみたりしておるのが、わたしどもの生活状態でありまして、どちらにしても苦悩のほかはないのであります。

夫婦の間は思い切ったが、どうも小さい子供があるために、別れられないのだといって、泣いておる人があります。或いは親があるからとか、世間があるからとか、何とかかとかいって苦しむのですが要するに、それが縛《ばく》であります。名誉とか利益というものにも縛られてこれを脱することができないのです。愛情にくくられ、名に囚《とら》われ、利に囚われて、身動きのならない状態であります。

これは一例ですが、事業についても、商業についても、現在の職務についても、皆同様の境遇に介在《かいざい》して困るのが人間苦であります。

## 3

「業繋《ごうけ》」と申されておりますとおり、このような繋縛《けばく》の苦悩のその原因をなしているものは何かというと、それを業《ごう》というのであります。業とは業因といい、業力という意味であります。業とはわざであって行業という意味です。行業には心業と身業とがありますが、身の行業の源《みなもと》は心であります。過去においてなしてきた身業と心業との結果として、それが現在の境遇の繋縛《けばく》となっておるのであって、決してこれは、偶然になったものではないということであります。

その原因をたずねれば、その淵源《えんげん》は遠く過去にあって、十年二十年の以前から、なしてきた身業と心業との結果であるから、いまさら、容易にこれを切断し改変することはできないのであります。近く見て十年二十年といいましたが、静かに回顧《かいこ》すれば、一代や二代ではなく、前生・前々生からの心業が身業となり、その身業がまた心業となりまして、今日の心業と身業をなしているのであって、なかなか一朝一夕のことではないのであります。それゆえ、ちょっと人から見ると何でもない事のようであっても、また自分が考えてみても何でもないことのようであっても、事実となり実際となると、容易に現状を改変することができず、繫縛《けばく》を切って自由に振舞うということがなかなかできないのであります。繫縛の原因をなしている業の力、すなわち業因が深く業力がなかなか強いのであります。

しかしながら、それを絶ち切り、その綱の縄目が解けて、囚《とらわれ》から脱せられなければ、どうしても自分の現在は助からないのであります。それゆえ人々は随分と智慧をしぼり骨を折って、何とかしてと考えますけれども、成らぬ時には、どうにもならないと泣かねばならぬほど、どうにもならぬものであります。自分の力でなる場合はもとより問題ではありませんが、ならない場合が真の人生苦というものであります。そこには人間の力というものは、自分の力も人の力も、何にもならぬのであって、ただ泣くよりほかはないのであります。そこには、人間以上の力をたのんでみても、諸神の力も、菩薩の力も、諸仏の力も、これをどうすることもできないのであります。しかるにただ阿弥陀如来の御力のみはこのような繋縛を切り解いて、自由にして下さるがゆえに、諸仏菩薩の力の及ぶことのできぬその御徳を、「無対光」と申されたのであります。

## 4

繋縛《けばく》の苦悩は、ただ偶然にきたものではなく、それは自分のかつてなしてきた、行業の結果であり、業因の結果であって、不可抗的な力をもった業の繋縛であります。しかしてその業はなにゆえ起ったのであるかというと、それは貪欲《とんよく》の心から起り始めたのであります。貪欲心は瞋恚《しんい》の心を生み、瞋恚の苦しみをのがれんとしてまた貪欲心を深めてゆくのが、智慧の明らかでないわたしどもの常に取っている態度であります。愚痴《ぐち》がもとですけれども、それが貪欲となって心に起って停止するところなきがためであります。これが人間苦の四苦八苦の原因をなすのですから、繋縛より逃れる唯一の方法は、貪欲心の消滅ということにあるのであります。わたしどもの愚痴心と貪欲心は、われわれの力では、なかなか滅亡するものではなくその根深さは、限りないものであります。しかしながら、この根が滅亡せざるかぎり、わたしどもは苦悩から脱することがなく、繋縛《けばく》から離れて、自由の天地に逍遥《しょうよう》することはとうていできないのであります。一切苦の根元をなすところの、貪欲心を滅ぼして、わたしどもを繋縛より解放させる力は、無対光と申したてまつる如来の御力のほかにはないのであります。如来の光明には、このような御徳と御力がおありになりますゆえに、如来の光明を「清浄光明」と申すのであります。如来の光明のはたらきは、よくわたしどもの貪欲心を滅ぼし、悪業煩悩《あくごうぼんのう》の根元を滅ぼして下さるのであります。

**5**

「遇斯光《ぐしこう》」とありますのは信心のことであります。如来に帰命し如来を信じたてつれば、すなわちそれがこの光明に遇《お》うたのであります。またそれは、如来に遇うたものであります。それゆえ、この光明に接して、このような御徳をいただくのは、信によってであります。されば、わたしどもの繫縛《けばく》の苦悩は、業繫《ごうけ》であるがゆえに、人力のどうすることもできぬ悲痛の歎きではあるが、このたすかる道はただ一つある、それは諸神、諸仏、諸菩薩に祈願することではなく、他力本願の如来に帰命して、他力信心を発すことであります。これよりほかに助かる道はないのであります。それゆえ、わが聖人は、如来の光明を無対光と申して讃嘆《さんだん》せられ、如来に帰命することを、ひとえに勧めておられるのであります。

**6**

それ、衆生あって、この光に遇う者は、三垢消滅《くしょうめつ》し、身意柔輭《にゅうなん》にして、歓喜踊躍《かんぎゆやく》し、善心焉《ここ》に生ず

『大無量寿経』にはこのように申されております。三垢《く》とは貪欲《とんよく》と瞋恚《しんい》と愚痴《ぐち》のことで

す。身意柔輭《しんいにゅうなん》とは、三毒の煩悩が消滅して業繫の苦悩のたすかったありさまであります。

また次に

もし、三塗勤苦《ごんく》のところにあって、この光明を見たてまつれば、皆休息《くそく》を得て復《ま》た苦悩なけん。寿終《じゅじゅう》の後、皆解脱《げだつ》を蒙《こうむ》る

とあって、如来の光明は十方に光被《ひ》して下さる御徳であって、その光に遇《お》うたものは、その時から苦悩がやんでしまう御徳であり、寿終《じゅじゅう》の後は生をかえて真解脱《げだつ》の身となると申されておるのであります。地獄道、餓鬼道、畜生道の三塗《づ》にあってさえさようである上は、人間界にあるわたしどもは、無論、この光益《こうやく》にあずかり得るのであります。現在の苦悩は業繫《ごうけ》であるから、死んでしまうまでは、どうにもならないのだ、などと思って泣いている人がありますが、このような本願があり、このような御文によっても、信を得てこの御光に遇う身にさえなれば、如来の光明の御徳は、我が心身の上に被《こうむ》るのであって、「皆休息を得て、復《ま》た苦悩なけん」であります。業繫《ごうけ》は現在の今から助かることを知らねばなりません、それが信心の徳というものであります。

7

それゆえ『和讃』に聖人は「畢竟依《ひっきょうえ》を帰命せよ」と、如来を信ずることをすすめていられるのであります。「畢竟依《ひっきょうえ》」とは、阿弥陀仏のことをいうのです。最後のた

よりどころとなるものは、菩薩にあらず仏である。仏というものの真の帰依処《きえしよ》は、本師阿弥陀如来のほかにはないのであります。

人間というものは、少しものを深く考えるようになると、何か自分以外の尊きものを所《しよ》依《え》として帰命せざるを得なくなるのであります。初めは物により、これを帰依処として進み、それをたよりとして安心をしようとするものです。すなわち利と名とであります。もし物質にあらねば名聞《みようもん》であります。一般にはこれを帰依処として合掌帰命《がつしようきみよう》しておるのです。しかしながら、それは畢竟依ではありません。それはしばらくの帰依処でありまして、ある時がきて、あるところまでゆくと、さっぱり帰依処とならなくなるのであり、そろそろ不安が生じてくるのであります。また次には、人にようらんとします。親により、子により、夫により、妻により、友人により、親族により、師により、主人によって、安心していますけれども、それもある時までであり、あるところまでであって、最後まで永久の帰依処としては価値なきものであります。それゆえ、次には神や菩薩に帰依し、そこを帰依処として安心せんとします。けれども、それも少分帰依処といって、いつかは動揺を覚えるようになるものであります。ついには最後に、真の帰依処を求めざるを得なくなって、仏に帰依しようとするのですが、諸仏に帰依するのは、それも畢竟《ひつきよう》の帰依処《きえしよ》となるものではなく、畢竟依の真の畢竟依となって下さるのは阿弥陀如来のみでありますから、畢竟依という語をもって、阿弥陀如来を呼ばれたのであります。畢竟依ということは、何と意味ぶかい、ありがたい御名かと思います。人々は畢竟依を知らず畢竟依をもたないから、それがために相《すがた》こそかわれ、永久に悩みから脱することができないのであります。

## 第五　炎王光

1

次は、炎王光《えんおうこう》について申そうと存じます。『正信偈』には「光炎王」とあり『大無量寿経』には「炎王光仏」とあります。曇鸞大師は光炎王仏と申されましたが、これは翻訳本の相異であって、同じ意味であります。今聖人は曇鸞大師によりて光炎王と申されたのかと思います。また文章上のつごうで光炎王と申されたのでありましょう。

炎《えん》という字は熾《さか》んなることで、光の美しく盛んな貌《かたち》をいうのです。阿弥陀如来の光明の熾《さか》んなることは、光明中の王とも申すべきほどであって、この光明に上越す光明はないという意味であります。『大経』には「威神光明最尊第一《いじんこうみょうさいそんだい》」とあります。『大阿弥陀経』には「諸仏中之王、光明中の極尊なり」とあります。『平等覚経《びょうどうかくきょう》』には「諸仏光明中之《の》王なり。無量清浄仏（阿弥陀如来のこと）の光明は諸仏光明中の最極尊《さいごくそん》なり」とも申されておるのであります。

## 2

すべて光というものは、わたしどもの心の暗黒の悩みを除き救うものであります。

夜は心のつまる思いがします。外が闇いと心までが闇くなり、何となく苦しさを感じてくるものです。それゆえ燈を点さねばおれないのであり、薄闇くてさえ心持ちが悪いからなるべく明るい光を望むのであります。睡れない夜は暁が待たれていらいらするものです。とくに病気の時などは堪らなく待たれるものであります。しかしながら一たび雨戸が引開けられて陽光が流れ入ると、やれ助かったと思い、その光を望むと、終夜悩みつづけた心もたちまちどこかへ消え飛んでしまうのであります。外から肉眼に入りきたる光でさえ、心の闇をどれだけか救うものであります。しかし、それらは一時の救いであって心の奥深き悩みを無くするものではありません。心の問題は心の助かる道を講ぜねば根絶しないのであります。金や物の悩みは、それが無くてかなわぬ時には与えられることが救いであり、有って困る時は取り去って貰うならば心の悩みも助かるのです。それゆえ他人の力によって抜苦《ばっく》せられ与楽《よらく》せられる時は、その人の上に光を感ずるのであります。親なり、子なり、夫なり、妻なり、兄弟なり、友人なり、医者なり、皆その人の力によりて、闇の心の上に光が与えられるのであります。

しかしながら、それらによって救われない時、その心の悩みをいかにするかということが、最も奥深き心の底の悩みであります。これは総ての悩みの根本をなすものであって、このような心の悩みが救われるということが最も大事なことであります。すべての苦悩の根元をなすものは、貪欲心と瞋恚《しんい》心と愚痴《ぐち》心との三毒煩悩《どくぼんのう》の心であります。根本となる心が救われれば、自然、枝葉の苦悩は救われます。根が切られたら枝葉は自然に枯れるものであります。

諸々の神の光もこの心の深きところには達せず、諸々の菩薩の光明もわたしどものこのような煩悩を救わず、諸仏の光明も多少はその光徳をお加えになっても、真に救うことはできないのです。それは余りにわたしどもの煩悩心が強盛《さかん》なるがためであります。しかるに、阿弥陀如来の光明は炎王光であり、諸仏中の王にして光明中の極尊であらせられるがゆえに、よくわたしどもの煩悩を破って、その光明をもってお救い下さるのであります。光炎王仏のみは、煩悩熾盛《しじょう》、罪悪深重《じんじゅう》のわたしどもをきっと救い、現に心の黒闇をやぶりて、光明の天地に逍遙させて下さるのであります。

3
仏光照耀最第一《ぶっこうしょうようさいだい》　光炎王仏《こうえんおうぶつ》となづけたり
三塗《づ》の黒闇《こくあん》ひらくなり　大応供《だいおうぐ》を帰命《きみょう》せよ

聖人は、この和讃によって炎王光の徳をたたえて、そのようすをのべられました。

「仏光照耀最第一」とは、阿弥陀仏の光明の照らしかがやいていらっしゃることは、最も勝れたりということであって、「第一」とは第二第三と比べてということでなく、最もすぐれていることをあらわされたのです。『大経』には「無量寿仏の光明は顕赫《けんかく》にして、十方諸仏の国土を照耀《しょうよう》して、焉《ここ》に聞えざること莫《な》し、」とあります。

その意味はどういうことかというと、衆生がこの光に遇えば、貪欲《とんよく》・瞋恚《しんい》・愚痴《ぐち》の三つの心の垢《あか》が消滅して、それがために身も心も柔輭《にゅうなん》になると申されるのであります。柔輭《にゅうなん》という字を以て、救われた幸福を表わされておるのです。柔輭の反対は堅硬《けんこう》であります。柔輭が安楽の状態を表わすならば、堅硬《けんこう》は苦悩の状態であります。心に真の智慧がないために、貪欲を強くして必ず名と利とに走ります。凡夫《ぼんぶ》はそれよりほかに、自分の現在の苦を去り楽を得る方法を知らないのであります。そして貪欲を強盛《さかん》にしますから心は堅くなり身も硬くなります。つねに名と利とさえ得られればよいと望みますけれども、あまり楽ではありません。ずいぶんと身心に無理をして努力せねばならんのであって、そのありさまは何といっても安楽ではありません。そしてその貪欲の満足せない場合は失意と逆意の時ですから、何といっても腹が立って、不足、不平、不満、憤怒《ふんど》、悪罵《あくば》と、戦いの心を起すよりほかはないのですから、自然、身心は柔軟ではなく顔も姿も硬張っています。心が頑張っていては決して安楽平和の状態ではありません。身心柔軟とは和顔《わげん》愛語の身心であり、平和満足の形であります。

なお次には「歓喜踊躍《かんぎゆやく》」とありまして、瞋恚《しんい》がなくなるからしたがって歓喜であります。歓喜とは姿にあらわれる喜びを歓《かん》といい、心の内に喜ぶを喜《ぎ》といいます。天におどるを踊《ゆ》といい、地におどるを躍《やく》というと申して、手の舞い足の踏むところを知らずというような、心の喜びを得るようになるのであります。したがって「善心焉《ここ》に生ず」と申されています。わたしどもが苦悩を逃れて幸福になるには、貪欲することよりほかに道を知らなかった間は、善心というものが少しも出せなかったのであります。そして悪心を起すほどいよいよ苦しくなるばかりでありましたのが、身意柔輭《にゅうなん》となり歓喜踊躍《ゆやく》の心となれば、そこから善心が生じ初めてくるようになる、と申されておるのです。それゆえに、生活は全く転化して、いよいよ幸福の峰へと旅立つようになるのであります。それは他力自然《たりきじねん》の徳、願力自然《がんりきじねん》の力であって、信心の人のみの受くる光明の御力であります。

## 4

第十二の光明無量の願の成就の文というのが『大経』にあって、釈尊が光明の願の成就した御徳を讃えておられるのであります。

仏、阿難に告げたまわく、無量寿仏は威神光明、最尊第一にして、諸仏の光明のおよぶ能《あた》わざるところなり……この故に、無量寿仏を無量光仏、無辺光仏、無碍光仏、無対光仏、炎王光仏、清浄《しょうじょう》光仏、歓喜《かんぎ》光仏、智慧光仏、不断光仏、難思光仏、無称光仏、超日月光仏と号したてまつる。それ衆生ありて、この光に遇《あ》うものは、三垢消滅し、身意柔輭なり。歓喜踊躍して、善心焉《ここ》に生ず。もし三塗《づ》勤苦のところにあって、この光明を見れば、皆休息を得て復《ま》た苦悩なけん。寿《いのち》終りての後、皆解脱を蒙《こうむ》る。

とあるのであります。

三塗というは三つの道ということで、三悪道のことであります。地獄と餓鬼と、畜生道とのことです。もし三悪道の極苦のところに在っても、この阿弥陀仏の光明に遇《あ》って、この光明を見ることがあれば、この光明の御徳によって、どこにおっても皆、極苦が休止して助かるのであり、再び苦悩することがなくなるのである。そして地獄なり畜生なりのその生が終れば、いつかは進んで解脱をこうむるようになるのであると申されます。

三悪道にまでおよぶ光明なるがゆえに、「炎王光」と申すのであります。光明遍照十方世界であります。本願の光明は、地獄の底にまで到達して、真に無辺光仏であります。

## 5

地獄には地獄相応の光益《こうやく》をあらわしていらっしゃることですが、それは今のわたしどもに直接関係はありません。地獄・餓鬼・畜生道の衆生でさえこの炎王光の照耀によって苦悩の黒闇がひらくのであります。しからば、ましてやこの人間界においては、たとえ、いかなる苦悩に閉じられいかなる境遇にありとも、この光明を知りこの光明の仏に帰命するならば、苦悩の根元であるところの三垢が消滅して安楽幸福となり、身意柔軟の徳と、歓喜踊躍の徳と、善心の生ずる徳を戴《いただ》いて、それがたとい牢獄のごとき逆境であろうとも、病床呻吟《しんぎん》の黒闇中であっても、心は光に満たされてかがやき、彼の韋提希夫人《いだいけぶにん》のごとく、彼の阿闍世王のごとく、現にこの世にありながら、苦悩が癒《い》せられて真の幸福となるのであります。三塗の苦しみでさえ休息《くそく》するとあれば、人間界のあらゆる苦悩は、たとい地獄の苦のごとく、餓鬼畜生の苦のごとき苦悩であっても、皆休止するに違いないのであって、再び苦悩することもなくなるということを知らせて下さっているのであります。

それは、ただ信によって、その光徳は我《われ》に入り、わが黒闇を照耀《しょうよう》して下さっているのであります。「この光に遇《あ》う」とは信ずることであります。

## 6

それゆえに、最後には「大応供《だいおうぐ》を帰命せよ」と、信を勧めておられるのであります。

他力信心のみはいかなる現在の苦悩をも救い、苦悩に閉塞《へいそく》したる心の黒闇をひらき、光明の世界に導かないではおかないと、教えられているのであります。

「大応供」とは仏の異名であって阿弥陀仏のことであります。応供とは応受供養という意味であり、供養を受くるに堪《た》える方ということであって、人の供養に応じ供養を受くるにたる徳のある方ということです。阿羅漢果《あらかんか》をひらいた人は、徳と修行を積んで煩悩を無くした方であるから、人から尊敬されて供養を受くるにたる徳者である、それゆえ、阿羅漢のことを応供というのですが、また諸仏のことをも応供と申すことがあり、阿羅漢と区別して諸仏を大応供と申すこともあるのです。けれども今は大応供という言葉によって、諸仏中の王、光明中の極尊たる阿弥陀如来のことを申されたのであります。それは十方衆生より大供養を受け、これに応ずるにたえる御徳のある仏という意味で申されたのであります。

## 第六　清浄光

1

本文に、清浄《しょうじょう》、歓喜《かんぎ》、智慧光《ちえこう》とありますのは、如来の十二光中の、清浄光と歓喜光と智慧光との三光のことであります。この清浄光と歓喜光と智慧光とは、一連の関係があるのであって、それはわたしどもの心の三毒煩悩に対しておられる光であります。すなわち、わたしどもの貪欲と瞋恚《しんい》と愚痴《ぐち》の心を退治して、幸福安楽にしたいとしておられる光の力であり御徳であります。清浄の光明をもってわたしどもを照らして下さるゆえに、如来を清浄光仏と申し上げ、歓喜の光明をもって照らして下さるゆえに、如来を歓喜光仏と申し上げ、智慧光をもって衆生を照らして下さるゆえに、如来を智慧光仏とも申し上げるのであると、釈尊は申されました。何ゆえに清浄光仏と申すかというと、如来は無《む》貪《とん》の善根《ぜんごん》より現れていらっしゃった仏なるがゆえに、衆生の貪濁《とんじょく》の心を除いて下さるのであって、如来には貪濁の心がないから清浄というのであります。また何ゆえに歓喜光仏と申すかというと、この光明は無瞋《むしん》の善根より生ずるがゆえに、衆生の瞋恚の盛んなる心を除いて下さるのであって、如来には瞋恚の心を有していらっしゃらないから歓喜光と申すのであります。無瞋の善根より生ずるということは、如来は修行中に瞋恚心を無くするために種々に善根を積まれて、ついに瞋恚なき慈悲ばかりの心となって、仏となられたからであります。また、智慧光仏とは無痴の善根より起ると申して、愚痴の心を無くするために、種々に修行せられたその善根の結果として、真の智慧をえて仏となられたのですから、わたしどもも衆生の愚痴無明の心を除く力を有していらっしゃるゆえに、如来を智慧光仏と申すのであります。

## 2

わたしどもが、日常において、種々の事に思い悩むのは何ゆえであるかというと、わたしどもには三毒煩悩といって貪欲《とんよく》と瞋恚《しんい》と愚痴《ぐち》という三つの心をもっており、この三つの心を根本とし中心として、種々の心をはたらかし、いろいろの行為をなしておるのですから、その結果としてすべてのことが苦しく悩ましい現状となっておるのであります。貪欲とは欲張る心であり、むさぼって飽くことなき心であります。金でも財産でも事業でも名誉でも、智識でも健康でも生命でも、何でもかでも、有るが上にもと欲張る心であって、飽くことを知らず足ることを知らないのであります。それはその筈、無理もないことであって、いかに、あるが上にもと欲張ってみても、いつまでも安心もなく満足もなく、幸福が味わえないからであって、ただ何でもかでもこの欲張り心を満足させようとして、物を加えてゆく事が、安心と満足と幸福をうる道であるとばかり考えて、幸福安楽になる方法としては、ただ、もうこの一手よりほかに知らないからであります。そして安心がえられたかと言うと、どこまでいっても安心はえられないで、進めば進むほど安心は向うの方へ逃げてゆくのであります。それゆえ、これではならぬと貪欲をいよいよ盛んにさせるばかりであり、それでも満足が得られないから常に不満足で、餓えた犬のように、いらいらしているのです。幸福は望めば望むほど得られないこととなり、却って苦しみが殖えてきたり悩みが増してくるものですから、一層飽くことを知らず貪《むさぼ》りて、欲に猛り狂うているのであります。それは幸福を求める方法としては、智慧のなさすぎる方法であり、この一手の改められないのは、それが智慧のない証拠であり、愚痴不明の心のためでありますが、貪欲心の起るのは愚痴心がその根本となっておるからであります。

3

また、貪欲を盛んにさせて、金についても、財産についても、名誉についても、智識においても、健康においても、思うように欲が満足して願望がかなえられたかというと、右が満つれば左が欠け、左が満つれば右が欠けて、それさえできずに両方共満たされない場合も多いのであって、思うようにならぬというと、そこでまた瞋恚《しんい》の心を熾《さか》んにさせるのであります。瞋《しん》とは眼や鼻をむいて形相の上に腹を立てることであり、恚《い》とは心の内に腹を立ててあいつめがと思い、あれは残念をしたと後悔したり怨恨したりして、臥《ね》ても睡られぬといった風に、昼も夜も腹を立て通している状態をいうのです。かく瞋恚の心は外に現れるとしても、また内に蓄え結ばれるとしても、決してそれは安楽幸福の状態ではなく、それは苦悩の状態であって、人間としての苦痛は、むしろこの瞋恚の心的状態にあるのであります。ある人は瞋恚を外に爆発さすと楽になるといいますけれども、それは内に持っていると苦しいから、外に出さねばならなくなったのであって、楽で出たのではありません、出せば楽になる痛快であるというけれども、それは内に抱いている苦しさを白状しておるのであり、それは抱いておった悩みから助かるかわりに、外に出した時に、再び苦痛の種を蒔《ま》いたのであって、苦しみは一層強くなったのであります。それゆえ、内に抱く腹立たしさも苦しいが、外に出さねばならなくなったということも苦しいことでありまず、それはむしろ外に出さねばならぬようなことがなく、内に抱かねばならぬようなことのない、すなわち瞋《しん》と恚《い》の心の無い方が真の安楽なのであります。それゆえ、外に出しても出さなくても、同様に瞋恚の心を起こさねばならぬということは、自分の苦痛に相違なく、それは自分の幸福安楽を希《ねが》う者の賢い方法ではありません。やはり、その根本は愚な心からであります。それゆえ、貪欲の心の起こったり起こしたりする根本は、自己の幸福道についての真の智慧のない愚痴のためであり、また貪欲が満足せられないために瞋恚の心を起こすのも、賢い方法ではありません。すなわち貪欲心も瞋恚心もともに、その根本は愚痴の心から出ているのであります。

## 4

わたしども人間は苦悩なきことを求め安楽幸福を求めつつ、根本の智慧《ちえ》の明《めい》がないために、貪欲心《とんよくしん》を起こすことを好み喜び、そしてそれを止めることができないのであり、そして貪欲《とんよく》の失敗感から、常にまた瞋恚心《しんいしん》を起こすことが、やめられないのであって、それを凡夫《ぼんぶ》というのであります。

愚痴心《ぐちしん》であることが根本であって、それがために貪欲心を発《おこ》し、その失敗感から瞋恚心を逆立て、瞋恚で苦しくなると愚痴心は再び貪欲心を一層深めて行って、要するところ、心は愚痴心から貪欲心へ、貪欲心から瞋恚へ、そして瞋恚に苦しむと智慧なきがゆえに、それを救う方法としてまた貪欲を選び、再び貪欲から瞋恚への回転を繰返して停止する時がないのであります。それが我心であり我々の人生生活であります。そしてこの愚痴と貪欲と瞋恚との三毒煩悩の心が根本中心となって、それから枝葉を出して、妄語《もうご》、綺語《きご》、両舌《りようぜつ》、悪口《あくく》となり、または殺生《せつしよう》、偸盗《ちゆうとう》、邪淫《じやいん》ともなって、身と口との行為の悪となって働き、それが種々の事業となり、活動となり、生活となっているのですから、この組織が変化せざるかぎり、またこの三毒の回転様式が転化せざるかぎり、永久に苦悩を脱することはなく、幸福と安楽とはきたらないのであります。そういう次第ですから、苦しいからといって、ただ無闇に腹を立てたり憤慨したり貪欲ばかり募《つの》らせても、決して安楽にはならず幸福にもなってきません。それは自縄自縛《じじようじばく》といって、却って自分を一層苦しくするばかりのこととなるのであります。その行き方では、いかに智慧を絞って考えても、いかに努力しても皆徒労となるのであります。この事は静かに静かに、内に熟慮反省すれば、自分一身の上においても十分解ることであります。

## 5

そういうわけですから、わたしどもの苦悩がなくなって安楽となり、不幸が幸福となるためには、どうしても、貪欲心《とんよくしん》が無くなり、瞋恚の心が無くならねばならぬことであり、それがためには愚痴心《ぐちしん》が無くなって真の智慧を得ねばならぬのであります。しかしながら、それがなかなか容易になれるものではありません、それゆえ如来の本願がたてられ如来のご苦労があったのであります。如来がわたしを苦悩なきものとして救わんとせられるには、つまりは、わたしどもの愚痴心を智慧とし、貪欲心を無くして瞋恚《しんい》の心を除かれねばならぬのであって、そうでなくては、わたしどもの助かることはないのであります。如来は、そのために善根功徳を積み、清浄の徳光をもつ身とならせられて、もってわたしどもの貪欲の心を除き無くせんとして下さったのであります。また歓喜光の徳をもって、わたしどもの瞋恚の心を除き亡ぼして、わたしどもを瞋恚より脱しさせて、歓喜にさせたいとせられるのであります。如来は最上無上の智慧を具有《ぐゆう》して、わたしどもの愚痴心を除き滅ぼし、もって智慧を与えることによって、貪欲と瞋恚の圏内よりいずることのできぬわたしの心を、清浄心と歓喜心と智慧心にさせて下さるのであります。

わたしども自身の力では、いかんともすることのできないこの三毒煩悩の回転生活を、如来の清浄、歓喜、智慧の光明は、その御徳によりて照らし照らして、ついに一念の信心を発起《ほっき》させ、信によりてこの不幸な三毒回転の生活を、清浄、歓喜、智慧の回転生活に転化させて、もってわたしどもを助け救い、苦悩の現実生活を安楽幸福の生活にさせて下さるのであります。他力信心によりて、貪欲の心を慈悲の心とし、瞋恚の心を歓喜させ、愚痴の心を智慧の心として、生活の転化と更生を与えて下さるのであります。

それゆえ、わが聖人は、『大経和讃《だいきょうわさん》』には、如来の御徳を、たった一首の和讃をもってあらわして、

## 6

無碍《むげ》光仏《こうぶつ》のひかりには　清浄、歓喜、智慧光
その徳不可思議にして　十方諸有を利益せり

と申されておるのであります。如来の十二の徳号《とくごう》を代表する無碍光の御名《みな》をあげて、その仏の御徳として、今の清浄と歓喜と智慧の三徳をあげられたのであります。それは申すまでもなく、その御徳は不思議にもわたしどもの苦悩の根本であるところの貪欲《とんよく》と瞋恚《しんい》と愚痴《ぐち》の心を退治して下さって、わたしどもを幸福安楽にさせて下さるゆえに、「十方諸有を利益せり」と申されたのであります。聖人が他の光徳をあげずに、特に、「清浄、歓喜、智慧光」とこの三光をここに列挙されたのは、聖人自身が、よほど深くこの御徳を喜ばれ

ておったことがわかるのであります。そしてこの三光の御徳の大切なことを知らせようとし、そしてこの御徳に浴させたいという御意のほどが、明らかに解るのであります。

7

道光明朗超絶せり　清浄光仏ともうすなり
ひとたび光照かぶるもの　業垢をのぞき解脱をう

宗祖聖人はこの清浄光の御徳を讃仰して、『浄土和讃《じょうどわさん》』にはこのように申されておるのであります。

「道光」とは、阿弥陀如来の光明ということであって、この如来の光明は、明らかに朗らかであって勝れておる、それゆえに阿弥陀如来を清浄光仏と申し上げるのであるということです。

「ひとたび光照かぶるもの」とは、「この光明に照らされたものは」ということであって、かって照らされたことがなく、今までにこの光明に接しなかったものでも、ひとたびその光照を被《こう》むるにいたれば、この世において直ちにその時から、その身の業垢が除かれて、安楽を得て幸福となり、ついには解脱を得るに至る真幸福者となることであるという意味であります。「業《ごう》」とは悪業のことであり、「垢《く》」とは心の垢であって、煩悩ということですから、「業垢《ごうく》」とは悪業煩悩のことであります。「解脱」とは一切煩悩の繋縛から解かれて、苦悩より解放せらるることであって、仏果にいたりて仏になることであり、仏の証果《さとり》をひらくことであります。

8

悪業煩悩は、わたしども現在生活の苦悩の原因であります。わたしどもの心中の苦悩はどこからきているかというと、それは自分が過去より今日まで、また今日今時において、身に口に意に悪い行業をはたらかしているためであります。苦悩はどこからくるものでもありません。ちょっと見ると、その原因が他人からきているようでもあり、外物や境遇からきているように思えますけれども、よくよく静かにその原因をたずねますと、自分自分の過去および現在の悪業が招いているのであります。最も簡単に申せば、妄話《もうご》、綺話《きご》、両舌《りようぜつ》、悪口《あくく》の日常行為が、原因をなしているのです。また殺生、倫盗《ちゆうとう》、邪淫《じやいん》がもととなって苦悩を形成しているのです。そしてその悪業《あくごう》をなさしむる原因となるものは、何であるかといえば貪欲《とんよく》と瞋恚《しんい》と愚痴《ぐち》の三毒煩悩《どくぼんのう》の心が、原因をなしておるのであります。貪欲と瞋恚の心を起こさせるものは愚痴の心でありますが、正しくほかに働きかけてゆく心は貪欲心《とんよくしん》であります。貪欲心が強盛《ごうじよう》なるために瞋恚心が熾盛《さかん》に起こってくるのであります。すなわち悪業の原因としての代表者は貪欲心であります。それゆえ、わたしどもをいよいよ苦悩に導くものは貪欲心であります。そしてそれが盛んに強ければ強いほど、思うようにならぬ纏縛《てんばく》の苦痛となって我々を苦しめ悩ますのであります。真の安楽幸福とは、このような繋縛《けばく》の不自由から解放されて、解脱《げだつ》の自由を得て苦悩から脱することでありま す。仏の証果《しょうか》とは一切の纏縛《てんばく》より解脱した心の境地、真の自由を得ることであります。ここに達しうる道に出たことを幸福といい、その道にいでざるものを不幸の道と申すのであります。

貪欲心は悪業の因であり、苦悩の源《みなもと》であり、瞋恚と、不自由と、不如意と、繋縛《けばく》の道であって、決して解脱の道ではありません。それゆえに、如来がわたしどもの苦悩の生活をお救い下さろうとするには、わたしどもの貪欲煩悩を除滅して、悪業をのぞき、真の解脱に到達させせようとして下さるのであります。それは如来の清浄光の御力であって、その光明が明らかに照らし朗らかにお輝きになるがゆえに、「道光明朗超絶せり」《どうこうみょうろうちょうぜつ》と申されたのであります。如来を清浄光と申すことは、衆生の貪濁心を除いて下さる御力がおありになるからであります。

## 9

如来の光明には、貪濁の穢《けが》れなきがゆえに清浄と申すのであり、したがってその光明は衆生の貪濁心を除滅する徳を有していらっしゃるのでありますが、その御徳に接してその徳をいただくのは、どうして頂くのかといえば、それは一念帰命する信によって得るのであります。それを「ひとたび光照《こうしょう》かぶるもの」と申されたのであります。光照を被《かぶ》る身となることは、一念、弥陀に帰命したてまつれば摂取不捨の身となって、その光照を被るからであります。

一念の信は、悪業の原因である貪欲心を除滅《じょめつ》する力用《りきゆう》がおありになるのであり、摂取《せっしゅ》不捨《しゃ》の本願力は、現在において我々の日常生活の心と行為に、安楽と幸福を得させて下さるのであって、必ずついには真解脱《しんげだつ》の仏果《ぶっか》の覚証《かくしょう》にまで至らせて下さるのであります。

## 10

最も注意すべきことは、本願を信ずるということであります。言いかえれば、一心に弥陀に帰命することです。この信によりて、如来の光明に摂取せられて照護の身となり、この光明の利益によって業垢《ごうく》が除かれ解脱を得るにいたるのであります。

しかるに、多くの人々は、本願に帰命することを忘れ、信の人となることに忽《おろそ》かにして、その利益があるとか無いとか思ったり、或いはその利益をのみ得んと欲求して、種々に心をくだきはしますが、信心を獲《う》ることを常に怠っておるのであります。

一切苦悩の原因が自己の悪業に基因しておることを知って、妄語《もうご》、綺語《きご》、両舌《りょうぜつ》、悪口《あくく》を慎みて、口業をつつしむことに努むる人はありますが、信をうることを忘れておるのであります。殺生《せっしょう》、偸盗《ちゅうとう》、邪淫《じゃいん》の心をつつしみ悪業を止めて安楽であろうとはしますが、しかしながら、口業も身業も業報でありますから、自力の努力精進によっては、なかなか除滅することはできないものであります。自力の努力によって一時は減ずるかも知れません。また多少の変化はありましても、それは九牛の一毛とでも申すほどのことであって、容易になくなるものではありません。その根元であるところの貪欲心《とんよくしん》の除滅されない限りは、どうすることもできぬものであります。さういうと、されば貪欲心が悪業の原因であり、一切苦悩の根元であるから、貪欲心を除滅しようとして、貪欲心を抑《おさ》え圧《おさ》えて起こさないように努力しようとしても、この貪欲心はなかなか容易に根絶するものではなく、軽減するものでもありません。それは生来具有の根性ですからどうすることもできぬものであります。それはただ他力本願を信ずる時、光明の御徳として、仏智によりてのみ貪心は除滅されるのでありまして、これを不可称不可説不可思議《ふかしょうふかせつふかしぎ》の功徳と申すのであります。信こそは、自力によってどうすることもできぬ貪欲心を除滅し、そして解脱にいたらせて下さるのであって、これこそは我々を安楽幸福にいたらせて下さる唯一の道であります。

## 11

信は、如来他力の大慈悲を信知する心ですから、また摂取不捨《せっしゅふしゃ》の照護を得るのです。それゆえ、貪欲心は自ら消滅するのであります。信は貪欲心を消除するがゆえに、自利的には充足の心となり、満足の喜びとなり、安心と安住の心となるのであります。如来大慈悲の光明に摂護せられる身となれば、貪欲心を強盛にさせる要がなくなるのでありまして、内に充ち足る心を生ずるのであります。将来に対する不安もなくなり安心安住することができるのであって、今までは寸時も貪欲の手を弛《ゆる》められなかったのが、その手が要らなくなって、真に安楽と幸福の喜悦《よろこび》を得るにいたるのであります。自利充足の心が生じてこそ利他の慈愛心も起こってくるのであって、そこから幸福生活が一歩二歩と建設されてゆくのです。実に信は幸福の基礎となるものであります。

## 12

生活の更生ということを思います。幸福生活の建設ということを思います。

貪欲《とんよく》中心の生活労作は、悪業煩悩のみの生活でありまして、そこにはどこまで行っても、安心がなく、満足がなく、喜悦《よろこび》がなく、感謝がなく、ただ飽《あ》くことなき不足と不安と焦慮《しょうりょ》があるばかりでありますから、実は決して安楽でも幸福でもなく、それは不幸の感よりないわけであって、幸福といえばただ将来に期待するよりほかないこととなるのであります。

貪は悪業となり、悪業が苦悩をきたすのであるから、貪の積重がいかに大となっても、そこには安楽と幸福とがくる筈がありません。それゆえ、安楽幸福であろうと願うならば、自己の内心に充足と安住の一念を得なければならんのであって、そこに自分としての安楽幸福を初めて知ることができるのであります。また他に向っても利他愛の心が生じ、慈悲の心が起って、この利他愛の積重が、たとえ、些少《さしょう》ずつでも開展され積重されるところに、真の幸福と慶喜の生活が発展するのであります。

たった一度でもよい、自己充足の心すなわち一心の安住を得ることが、最も大事なことです。自足の念と一心の安住とをえて、その上の積重こそ真の幸福と申すべきものでありますす。このような満足と安住のところにこそ初めて感謝と喜悦が味わえてくるのであります。

## 13

貪欲中心の人々は、満足と安心はしてはならぬことであると申しています。満足すれば働かなくなり、安心しては奮闘しなくなるからと考えておるのでありましょう。貪欲眼から見ればさように違いありませんが、自分も不満足であり、家内中も不満足であり、社会国家も不満足であり、満足せぬ人ばかりであれば、果してどうでありましょうか。満足せぬ人には、感謝もなく、喜悦《よろこび》もないのですから、世の中が不平の人ばかりで満たされてあったとしたら、何と生き苦しいことではないでしょうか。安心してはならぬといいますが、不安ばかりの人の集団から、どんな生活が生れてくるでしょうか。自分も不安、家族も不安、社会国家も不安の人ばかりであっては、そこにいつの時において、安楽と幸福が得られることでしょう。このような考えは、利己欲をのみ企図している貪欲心が考えさすことであって、満足し感謝し喜びに咽《むせ》んでこそ、よく働けるのであることは、日常現前の事実であります。不満と不安の人の働くのは真の働きではありません、それは苦悶しつつ働いておるのであります。もとより安住満足の人も働かねばならず、不安不満の人も働かねばならぬのですけれども、安住して働き、満足して働き、感謝して働き、喜悦《きえつ》しつつ働くところに、幸福なる生活が生れてくるのであります。決して貪中心の生活労働では安楽幸福とはなりませぬ。たとい一分でも二分でも、感謝から生れてくる生活労作のみが、その脚下より幸福生活の道程に登らせるものであって、その第一歩は、信より発足するものなることを忘れてはならぬのであります。

## 14

少欲知足《しょうよくちそく》とある経典の意味を想い出すのです。『大無量寿経』には、如来の御徳をのべて、「少欲知足《しょうよくちそく》、無染恚痴《むぜんいち》、三昧常寂《まいじょうじゃく》、知慧無碍《ちえむげ》」とあります。これは「少欲知足にして、染恚痴《ぜんいち》なし、三昧常寂にして、智慧無碍なり」と読みまして、染恚痴《ぜんいち》とは貪欲瞋恚愚痴《とんよくしんいぐち》の心ということであります。「三昧常寂にして」とは何という平和な安楽さでありましょう。「智慧無碍なり」とは愚痴の反対で、真智は無碍であるからその心に悩みなく、その生活が幸福にのみ開展してゆくのです。これは如来の御心の幸福境をあらわされた文字であります。

これは真幸福者としての如来の境地を示されたのではありますが、それはまた一般に幸福としての真境を指示されたのであって、われわれの理想でなくてはならぬのであります。

他力信は、すなわち少欲知足の心とならせられるのであります。少欲知足とは、苦悩を離れた安楽と幸福を物語っている文字であります。仏の教は、苦悩の我々を、安楽幸福者にして下さろうとし、少欲知足の者であらせようとしていられるにほかならぬのであります。吾人《ごじん》は少欲知足心の所有者でなきがゆえに、常に不幸を感じ、苦悩に沈淪《ちんりん》しているのであります。

少欲の反対は多欲であり、大欲であり、強欲であって、つまり貪欲心であります。欲心さかんなるがために、一切の労作《ろうさ》も苦悩を生むばかりとなるのですから、少欲となることは苦悩より離脱して幸福となることであります。知足の反対は不知足すなわち不足であり、不満でありますから、瞋恚《しんい》ともなって心には常に平和がないのです、それは不幸であり苦悩であります。それゆえに、知足《ちそく》、満足、安心の心はすなわち真の幸福であります。

『仏説遺教経』には

知足之法《ちそくのほうは》、即是富楽安穏之処《すなわちこれふうらくあんのんのところ》。知足之人《ちそくのひとは》、雖㆑臥㆓地上㆒《ちじょうにふすといえども》、猶為㆓安楽㆒《なおあんらくとす》。不知足者《ふちそくのものは》、雖《てん》

処天堂《どうにしょすといえども》、亦不称意《またこころにかなわず》。不知足者《ふちそくのものは》、雖富而貧《とめりといえどもしかもひんなり》。知足之人《ちそくのひとは》、雖貧而富《ひんなりといえどもしかもとめり》。

とありまして、釈尊はその最後に当りてさえ、弟子に遺誡《ゆいかい》してこのような詞を残されたのであります。人々は安楽と幸福を求めながら、しかも苦悩と不幸に沈淪《ちんりん》しているのです、しかしながらその貪心の消除されない限り、多欲と大欲と強欲の消除せざるかぎり、いつまでも安楽と幸福の天地に住むことはできないのであります。

## 15

人は多く誤解して、少欲となっては、生活力の発展がなくなるであろうと考えますが、それは誤解であります。貪欲《とんよく》と多欲とは自己を苦悩の穴にひきずってゆくばかりです。それに対して安楽の道は、少欲知足の心となるよりほかはないのです。少欲知足は安楽の法であります。

少欲であれば金が殖えないと思うのは、これも欲心の謬見《びゅうけん》であります。却って余り多欲であるがために得られなくなって苦しむのです。余りに強欲なるがゆえに悩むのです。少欲の心であっても、身心を道の如く働かしておれば、金もできます、生活もできます。貧富は働いた上での果報であると、古人はみな申されております。むしろ少欲である方が却って多くできるのです。余り欲が多大過ぎるために努力しても努力してもできないのであります。またできても、それがために苦悩が多くなったり、問題が起こったりして悩むようであっては、それは幸福になったのではなくて、金毒に当てられておるのです。毒にあたっては何の所詮もありません、世の中にこの毒にあたっておらない人が幾人ありましょうか。毒にあてられて悩むゆえに、貪欲を三毒の一として数え上げられているのです。この毒が消除されるのは少欲となるにあるのであって、「如来誓願《せいがん》の薬は能《よ》く智愚《ちぐ》の毒を滅す」と申されたのは、信によって毒が消されて少欲となるからであります。

## 16

不知足とは足ることを知らぬ心であり、充ち足らざる心であって餓鬼の心でありまず。不知足なるがゆえに種々様々な問題が起こりもし、不知足のために種々な悪心と悪計をたくらむこととなって、自家中毒を起こして、或いは貧の苦となり或いは富の苦となって、毒を嘗《な》むるにいたるのであります。

誰かが申されたように、金は貯まった金でなくては保たぬ、無理に貯めた金は必ず散ってゆく、もし散って行かねば毒となるばかりであります。知足の心の上に、自から貯まってきた自然の結果でなくては、幸福を齎《もたら》すものではなく、保たないのであります。それは自然の徳でなく、無理と非道があるからであります。知足の心ができてこそ、満足もあり、感謝もあり、その上の発展であってこそ、真の幸福といえるのです。決して不知足の心の上にいかに積み重ねても、いぜんとして、それは不知足の饑渇苦《きかっく》でしかありません。

それが何で幸福でありましょう。

欲を小さくなしうるがゆえに、常に安心と安住があって、心は常に安楽と安穏でありま す。知足なるがゆえに、常に感謝と充足との幸福に浴することができるのであります。

少欲といって無欲とは申されません。貪欲が無欲となることに理想でしょうけれども、そこまでゆけなくとも、せめて欲を少くすることのできる人は苦悩に悩まされることがなく、常に幸福であります。欲が少いから軽々となり、自由に働けるのであります。欲の多い人は却って働かないものです。自分にも楽に働けないものであって、気ばかりつかれて一向に働けないものであります。しかるに欲が多くて貪欲な方が、多く働けるよく働けると思うのは、貪欲に眼が眩《くら》んでいるからでありまして、実際上の事実としては、きっと欲の少い方がよく働けるのです。働けるからすべてが都合よくなってゆくのであります。

このように、少欲知足の心は、自己を苦悩より救い出すばかりでなく、幸福道に第一歩を踏出させる心であります。しかしながら三毒の煩悩を生来具有《ぐゆう》して、貪欲が我か我が貪欲かを知らない我々としては、自力の修養によって、貪欲を少欲知足の心にさせることは、とうてい、できないことであります。ただ如来の清浄光に照破せられて、一念の信の発起《ほっき》することによって、如来の少欲知足の御徳が与えられ、少欲であることのできる力を得て、そこに知足の満悦と感謝を味わうことによって、たとい少しずつでも、自己の真幸福を味験することを得るのであります。

## 第七　歓　喜　光

1

慈光はるかにかぶらしめ　ひかりのいたるところには
法喜をうとぞのべたまう　大安慰《だいあんい》を帰命せよ

と『浄土和讃』に申されまして、わが聖人は、清浄光《しょうじょうこう》の次に歓喜光《かんぎこう》の御徳をのべておられます。

阿弥陀如来を歓喜光仏と申し上げることですが、それは如来の御光は、無瞋《むしん》の善根《ぜんごん》より生ずと申されて、如来の御心の光は、我々凡夫《ぼんぶ》の如き瞋恚《しんい》の心ではなく、その御心はわれわれ凡夫の上を、愍《あわれ》み照らして下さるのであります。その御光が瞋恚なき御慈悲であるから、その御光に接したものの瞋恚心を除滅《じょめつ》して下さるのであります。瞋恚心の反対は歓喜心であります。この光明は衆生の瞋恚を除滅して衆生の心を歓喜《かんぎ》心にして下さるのです。それゆえこの光明を歓喜光と申すのであり、如来の別名を歓喜光仏と申し上げるのであります。

## 2

わたしどもの日常生活の心もちを考えてみますと、何となく、生き苦しい思いで一ぱいになっているのであります。それは何故であるかというと、絶えず瞋恚《しんい》の煩悩が火の如く燃えさかっているからであります。一日中は、朝から晩まで、心中は不平であり、不満であり、不足であって、物事が思うようにならぬとか、人が自分の思うようになってくれぬとか、自分の心が自分の思うようにならぬとか、自分の身体が思うようにならぬとか、そういう思いで、一日中は腹が立ちづめなのであります。ともかく瞋恚《しんい》の煩悩《ぼんのう》が熾《さか》んであり、腹が立っていらいらしづめであるというほど、苦しく切ないものはありません。頭が痛い腹が痛いというようなことも、もちろん、苦しみではありますが、たとい、そんなことがなくても、心がいつもいらいらして腹が立ち、見るもの聞くものが不平であり、不満であって、瞋恚が起こりづめであるということは、頭の痛みや眼の痛みなど以上に苦悩であります。瞋恚生活は苦悩の生活であって、そこに少しの歓喜もないということは、最も不幸な生活であります。

わたしは、じっと静かに自分の心を見ていますと、心配と不満と不平と不足で一ぱいであって、何という歓喜のない一日であるかと、自分の心が可愛想になることがあります。また人々の上について、聞いたり見たりしましても、たれもかれもが同様に、不平不満不足の心で暮しておるのが、気の毒になってくるのです。何と人間というものは憐《あわ》れなものかと思います。よくもまあ、これほど腹が立つものじゃとおかしくなることさえあります。時によると、朝早く眼が醒めたかさめぬか、まだ頭が枕を離れない先から、起こってくる心は瞋恚の心であります。枕元でカタンと音がしてもはっと腹が立ちます。考えてみると、それは家の者がそうっと次の間を掃除してくれている音であって、しかも自分はうんと朝寝坊をしておるのであります。自分の悪いことは気づかずに、注意して働いていてくれることにさえ腹が立つのです。女中が朝早く台所で働くバケツの音をきいてさえ、寝ながら腹を立てる奥様のあることを聞いたことがあります。寝られなくても腹が立ち、寝られ過ぎても腹が立つ、ことによると朝から晩まで、これというわけもなく腹の立ちづめのことがあります。人が嬉しさうに笑っていても腹が立ち、人が面白くない顔をしておったらなおさら腹が立ち、見るにつけ聞くにつけ、何もかも癪にさわって、世界中ことごとく腹が立つ事ばかりのように思えることがあります。時には夢の中でさえ人と争ったり、人を叱ったり、残念がったりして、腹を立てていることがあります。そんなに腹を立てなくともよいのにと、自分にも解っていながら、この器械は直に腹が立つのです。器械としたら余程上等の器械であり、鋭敏な腹立器であります。休みなく働き、絶えず常に止ることのない器械であります。

しかしながら、それは決して幸福でなく、安楽でなく、苦しく悩ましいばかりであります。人間が苦しい状態というのは、貪欲心のときよりも、瞋恚心であることが、人間の苦しい状態であります。それゆえに、わたしどもが苦悩から助かるということは、この瞋恚《しんい》状態《じょうたい》が取除かれることでなければならぬのであります。それゆえ、如来の御徳として歓喜光は、わたしども衆生の瞋恚《しんい》心を除滅《じょめつ》して、わたしどもの心を歓喜にしようとしておらるるのであります。

3

歓喜《かんぎ》とは、歓は姿にあらわれたよろこびであり、喜とは心の内によろこぶことであります。心に喜べて、顔や姿に歓びのあふれるということほど、幸福はありません。姿や顔によろこぶ子供等を見てさえ、気もちのよいものであります。その子供等の魂のよろこびを知るときには、その子が苦悩なく幸福であるばかりでなく、その心とその姿を見る親までが、幸福になるのであります。それゆえに、歓喜のなき心ほど哀れなことはありません。一日中、瞋恚《しんい》ばかりであっては、その心は闇であります。歓喜はまことに光であります。しかるに三百六十五日、不平、不満、不足で暮して、少しの歓喜さへなき生活をする人は、最も不幸な人であります。

4

「慈光はるかにかぶらしめ」とは、如来の御心の光は清浄であって、貪欲心がなく、ただ衆生の苦悩をあわれんで下さる慈悲の御心なるがゆえに、慈光と申すのです。「はるかにかぶらしめ」とは、光明は遍照《へんしょう》十方《ぼう》世界《せかい》であり、どこどこまでも、あらゆる人の上におよんでいるのですから、今のわたし自身はその光の中に照らされているのであって、一人としてこの光明を蒙《こうむ》っておらないものはないのです。

「ひかりのいたるところには」とは、如来に帰命して、一念にたのみ申し上げた人のことです。すなわち信心の人のことであります。信心の人こそ如来の光明を見た人であり、如来の光明に摂取せられ、光に擁《いだ》きとられた人でありますから、「ひかりのいたるところには」と申されたのです。信ぜざれば見れども見えず、聞けども聞えずであります。如来がいかに慈光を放ちて、光を被《かぶ》らしめて下さっていても、信眼のひらけないあいだは、如来の心光に接することがなく、その光はわたしどもの心の中に到達しないのであります。それゆえ「慈光はるかにかぶらしめ、ひかりのいたるところには」と申されたのは、信心を獲《え》て、如来の光明がその人の心の中に到達した人のことであります。

5

「法喜《ほうき》をうとぞのべたもう」とある法喜とは、歓喜光《かんぎこう》のことであります。信心を得た人は、摂取の心光に摂護《しょうご》せられたのであります。信によりてこの光に接したものは、必ずみ法《のり》を喜ぶ心を得ることであり、その心の喜びは姿形の歓びとなるのであります。すなわち歓喜光仏の御徳によって、瞋恚心ばかり熾《さか》んな我々凡夫《ぼんぶ》が、歓喜の生活となるのです。これを『経』には「信心歓喜《しんじんかんぎ》」と申されています。

法喜といって、歓喜と申されなかったのです。これは恐らくは、わたしどもに誤解させたくないからであろうと思います。喜という心の喜びだけをあげて、身の歓びを略されたのです。その上に「法《のり》」の喜びと申されたのです。

わたしどもの悩みの根本は、身よりも心であり、心が本となっているのであります。信心によって如来の歓喜心が、わたしどもの心に到達して、この瞋恚《しんい》の心を除いて下さるのですから、わたしどもの心の喜びは、かくして下さった如来の御慈悲、本願から御方便下さったみ法《のり》を、しみじみと喜ぶことであります。み法《のり》とは如来の御慈悲であります。如来の御慈悲は本願となり、本願の御力は、種々に善巧方便《ぜんぎょうほうべん》して、絶えず照らし育てて、わたしどもが如来に帰命し、本願の御たすけを、たのみ申し上げるように、ならせて下さったのであって、このように信ずる心が発《おこ》ったからこそ、心身に歓喜の起こる幸福者となったのです。それゆえ何を喜ぶかといえば、ご慈悲の御恩徳を喜ぶのであり、本願力のかたじけなさを喜ぶのであります。瞋恚《しんい》の生活、すなわち苦悩の生活が歓喜の生活となり、安楽幸福の生活となる根元は、法喜心に始まるのであります。自分の一心がたすけられ、摂取不捨と引うけられ護られる身となってこそ、他の一切の事柄がじょじょに喜ばれて、瞋恚の心が歓喜の心となり、何事も何事も、すべてが歓喜の光を放つようになるのであります。それゆえ、身の歓びと申されず、心の喜びとも申されずして、最も根本であり大切であることを示さんとして、「法喜をう」、と申されたのでありましょう。

6

如来を知らざる人、信なき人には歓喜《かんぎ》はありません。その人には貪欲《とんよく》と瞋恚《しんい》があるばかりであります。たとい歓喜があるといっても、それは真の歓喜ではありません、すなわち法喜《ほうき》というものがないのです。法喜のなき歓喜は真の歓喜ではありません。ごちそうをたべても、心が喜び、姿にも歓びがあらわれます。お金がたくさん自分のものとなっても、心が喜び顔もにこにこ、姿も雀躍《じゃくやく》するでしょう。名や位が高まっても歓喜はありますが、このような歓喜がいくらあっても、法喜がないならば、瞋恚は依然として、もとの如く我を苦しめ悩ますのであります。その他、衣食住についての欲望満足があっても、それらの歓喜は、やがて消え失せてしまうものであって、瞋恚の心の助かることはありません。それゆえ、法喜をうるということが最も大切なことであります。法喜をうるということは、瞋恚心の除滅されることから発るのですから、この歓喜心は、名や利や慾望の満足によってくる歓喜の如く、消えうせることなく、法喜の歓喜こそは真の歓喜であります。

## 7

「大安慰《だいあんい》」とは弥陀如来のことであります。聖人は註釈を加えて「一切衆生のよろづの、歎《なげ》き、憂え、悪しきことを皆失《あ》って、安く安らかならしむ」と申されています如く、わたしどもが毎日、不安であり不平であり、瞋恚《しんい》の煩悩《ぼんのう》を起して、腹立ち、歎き、心配しては腹を立て、悪しき心を起こし、悪しきことを身にも口にも行って、いよいよますます、苦悩を深めつつあるわたしどもに、如来はこのような苦しみや悩みを失わしめ、悪しきことをなからしめて、常に歓喜《かんぎ》させて下さる方でありますから、如来を大安慰《だいあんい》と申すのであります。聖人は「大安慰を帰命せよ」と、この如来に帰命して大安慰をうる幸福者となれよ、歓喜の生活者となれよと、おすすめ下さるのであります。如来に帰命することと、それは真の大安慰をうることであります。

## 8

しかるにわたしどもは、瞋恚《しんい》に悩まされてばかりいるために、苦しさのあまりには、安慰《あんい》を他に求めて、愛子に安慰を求めんとしたり、名に安慰を求めんとしたり、財産に安慰を求めんとしたり、或いはまた衣に、食に、住宅に、安慰を求めんとして、こんな欲望ばかりに安慰を求めて日も足らざるありさまであり、時には命懸《いのちが》けになって努力しているのであります。しかも、それらのものが得られないために、常に苦しみ悩んでいるのですから、それらを求め得た時には、瞋恚が晴れて、いかにも安慰を得て、苦悩がなくなったようでありますが、もとより、それらによれる安慰も安慰には相異ありませんけれども、それらによって真の安慰をうることはできないのであります。それゆえ、如来を大安慰と申すのであって、如来に帰命することこそ真に大安慰をうる道であります。

## 第八　智　慧　光

1

無明の闇《あん》を破するゆえ　智慧光仏となづけたり
一切諸仏三乗衆　ともに嘆誉したまえり

吾《わが》祖聖人は『浄土和讃』の第九首目に、智慧光《ちえこう》の御徳を讃嘆してこのように申されております。そしてその左訓《ひだりがな》に「一切諸仏の智慧をあつめたまえるゆえに、智慧光仏と申す」といい、また「一切諸仏の仏になりたもうことは、この阿弥陀の智慧にてなりたもうなり」と申されておるのであります。

2

前にも申しましたように、誰人によらず、人間は皆、苦悩の多い生活をしておるものですが、これを貪欲《とんよく》、瞋恚《しんい》、愚痴《ぐち》の生活といい、三毒の生活と申すのであります。苦悩の生活の原因は、わたしどもの心が貪欲であり、瞋恚に充ち、愚痴だからであります。

すなわち苦悩の心の状態を調べてみますと、瞋恚にみちておるのですが、その淵源《えんげん》をたずねると、貪欲心が強いからであります。貪欲心から考えて、いろいろさまざまな考えや、いろいろさまざまな事をやっておるのですから、でき上っておる生活全体が、いつも苦悩を離れないのであります。しかしその源《みなもと》に溯《さかのぼ》って考えると、それは根本が愚だからであって、それは真の智慧をもたない証拠《しょうこ》であります。わたしども凡夫《ぼんぶ》の生活が安楽幸福の生活となるためには、是非とも真の智慧を、まず第一に得ねばならぬのであります。それゆえ如来がわたしどもを救済して下さるには、わたしどものこの貪欲と瞋恚と愚痴の生活を、清浄《しょうじょう》と歓喜《かんぎ》と智慧《ちえ》の生活として下さるのであります。

如来の清浄光《しょうじょうこう》は、わたしどもの貪欲心を除滅して下さるのであり、如来の歓喜光《かんぎこう》は、わたしどもの瞋恚心を消除して下さるのであり、如来の智慧光《ちえこう》は、わたしどもの愚痴無明《ぐちむみょう》の心に真の智慧をおあたえ下さるのであります。如来の清浄歓喜光は、わたしどもの貪欲瞋恚の心を消除して下さる御徳を有していらっしゃるのですが、とりわけ、貪欲瞋恚の根本原因であるところの愚痴無明の心に、如来の智慧を与えて、わたしどもの愚痴無明の心を除いて下さるのであります。わたしどもの愚痴無明が除かれて、智慧となってこそ、それから出ている貪欲も瞋恚も、自から消除されるのであります。それですから、助けて下さるということ、救済して下さるということは、わたしどもの愚痴無明が、如来の智慧光によって、仏の智慧を下さるようになり、真の智慧をうるようになることであります。真の智慧を下さるということは、信心を下さることであります。

3

一切苦悩の根本原因は、智慧のない愚痴《ぐち》無明《むみょう》のためであります。それゆえにわたしどもに真の智慧を下さるということは、我々衆生の一切の志願が満足するということであります。真の智慧がなくして行為した事は、いかに努力しても、その総てが闇《やみ》であって、それを闇黒の生活と申すのです。心は何となく闇いのであって、真の幸福、真の安心というものがなく、何となく苦しい悩ましい心の生活であります。それに引かえて、真の智慧を得た生活は、光の生活であります。もちろんいろいろな事も起りましょうが、何といっても明るい心であり、安心の生活であって、それが真の幸福であります。すべてが光明であり、すべてが明るい生活となるのであります。

4

我々凡夫《ぼんぶ》は誰でも、自分を一かどの智慧者であるとおもっており、賢い利巧な者だと思っております。それゆえ何とかして、現在の悩ましい境遇を、安楽幸福なものとして見ようと考え、種々智慧を絞り、種々に工夫して働いておるのです。安楽幸福を求めるという考えは、必ず、五欲生活を念願としておるのであって、そこらが普通一般の願であります。五欲とは、名聞欲《みょうもんよく》と財産欲《ざいさんよく》と、色情欲《しきじょうよく》と飲食欲《いんしょくよく》と、睡眠欲《すいみんよく》とであります。かかる五つが思うように得られないために、苦悩煩悶しておるのであって、この五つを得んがために、種々に心身を煩わして労作《ろうさ》しておるのであります。そしてこのような五欲のその一つが、大略思うように得られた時には、苦悩がなくなったと思い、真の安楽幸福になったと考えておるのです。幸福とはこれを得ることであり、安楽とはこれを得たことであると思っておるのであります。それゆえ、これらの一つを得んためには、時には生命を賭けてでも奮闘努力するのであります。睡眠欲をまっとうせんために、いかに努力してもがいておるかと思います。それもその筈です、睡眠欲が満足されない程苦しいことはありません、苦しい時にはきっと睡眠欲が満足せられないものであります。また飲食のためにもいかに努力していることでありましょう。その他色欲、財欲、名欲のためにいかに戦って苦労していることかと思います。しかしながら、それらの一つでさえ充分に得られないで悩んでいるのが、現状であります。その三つ五つを満足することはなおさらであります。もしそのすべてが完全に満足せられたとしても、それは要するに名利生活であります。名利が満足しても、それで人間の心のすべてが救われ、苦悩がなくなったと、いえるものではありませぬ。それゆえたとい五欲が満足しても、それはなお闇の生活であり、また満足しなければなおさら心は闇であります。人間として五欲生活をなくすることは、できないことでありましょうけれども、といって、それを満足しただけでは、一切の苦悩がなくなり、真の安楽幸福になったとは申せないのであります。それは依然として貪瞋痴《とんじんち》の生活であって、清浄歓喜智慧《しょうじょうかんぎちえ》の生活になったのではなく、それは闇の生活であって光の生活ではありません。それは現在においてなお苦しんでおるか、或いは、やがては苦しむ生活であるからであります。生のみの安楽を求めて、死の問題の解決を得ておらない一事から考えても、よくわかることであります。

## 5

自力の智慧は、畢竟《ひっきょう》ずるに、闇を脱することのできない智慧であります。如来の智慧のみ真の智慧であり、真の光明であります。それゆえ智慧光仏と申すのです。それを「無明の闇を破するゆえ、智慧光仏となづけたり」と申されたのです。わたしどもの愚痴無明の黒闇を照らし破って、智慧の光を満入させて下さるのは、如来の智慧光の力であり、御徳であります。如来は智慧であって、光明は智慧のおはたらきになるかたちでありますから、如来は光明であります。如来の智慧の光明は常にわたしどもを照らし照らして、わたしどもの愚痴なることを知らせ、真智なきことを知らせて、自力の智をすてさせ、もって如来の真智に帰させようとして下さっておるのであります。それを光明遍照《こうみょうへんじょう》十方《ぽう》

世界《せかい》といい、光明は遍《あまね》く十方の世界を照して下さると申すのであります。照らし照らして
わたしどもの心から、一念帰命の心を発《おこ》させて下さるのです。それゆえ、一念帰命の信心
は如来の智慧の結果であり、如来の智慧であります。この智慧を下さることによって、貪《とん》
欲《よく》の心は清浄《しょうじょう》歓喜《かんぎ》の安楽と法喜とを、与えられるようになるのであります。
　如来は智慧でございますから、南無阿弥陀仏の名号は智慧であって、御名《みな》によって示さ
れる如く、阿弥陀仏の光明は照らし照らして、ついには、わたしどもに南無の心、すなわ
ち帰命の心を発させねばおかぬ御力であります。一念帰命する信心は、如来の仏心であり、
仏智であります。それゆえ信心は真の智慧であります。

　無碍光仏のみことには　未来の有情利せんとて
　大勢至菩薩に　智慧の念仏さずけしむ

とも申され、また

　智慧の念仏うることは　法蔵願力のなせるなり
　信心の智慧なかりせば　いかでか涅槃をさとらまし

と、念仏は智慧であり、信心は智慧であると申されておるのであります。

6

光は闇を破って、光となるものであります。闇はいかにしても光とはなりませぬ。凡夫《ぼんぶ》の心をいかに磨いても光は生じてきません。ただ如来の光がきたり生ずる時、闇は光となるばかりであります。そうですから、如来の智慧光のお照らしによって、帰命の信が発ったとき、その信心こそは真の智慧であります。信心は摂取心光の中にわたしを生れさせるのですから、それは一切の事物の上に遍《あまね》く至って下さる大慈悲を知るのでありますす。如来の摂護を知るものは、歓喜と安楽と満足を得るのですから、貪欲、瞋恚、愚痴は、智慧と歓喜と満足とを得て、真の幸福に接するのであります。

7

仏教は智慧の宗教であります。真宗ももちろん、智慧の教であります。仏は智慧であります。仏心は慈悲でありますけれども、また智慧であります。如来は真の智慧者であるがゆえに、衆生救済の道を知っておられるのであり、衆生救済の方法として、衆生の愚痴無明の黒闇生活を破って、智慧を与えようとし、信心を発させようとしておられるのであります。

西洋の人は仏教は、智慧の教であるから宗教ではない、哲学であるなどといい、真の宗教は感情であるなどといいますけれども、感情の宗教は、根本から真にわたしども人間を救うものではありません。真に救うということは、苦悩の統一ある根本原因であるところの、愚痴を破って智慧を得させるよりほかに、真に救済されるものではありません。この意味から、真の宗教と申すべきは仏教のみでありまして、仏教の中でも、自力の教は到底真の智慧を生ずるものではありません。如来の智慧光こそは、ひとり無明の闇を破して下さって、信心の智慧を与えて下さるのですから、他力信心の教こそは、唯一無二の真の宗教と申すべきであります。

8

「一切諸仏三乗衆、ともに嘆誉したまえり」とはその事であります。近くは釈尊なり、一切の諸仏と申すべき方々、および声聞《しょうもん》・縁覚《えんがく》・菩薩《ぼさつ》という方々にいたるまでが皆同様に、他力大慈悲の智慧光の御威徳を、讃嘆しておられるのであるということであります。一切諸仏三乗衆が、弥陀の功徳を嘆誉したもうとは、一念帰命の心を発せよ、その他にたすかる道はないぞという御意であります。

名誉や、財産や、妻や、子や、学問や、地位の、それらは、一時は光明の如くであっても、仮《かり》の光明であります。真の光明は如来であります。信こそは真の光明に接せられるものであります。

## 第九　不断光

### 1

光明てらしてたえざれば　不断光仏《ふだんこうぶつ》となづけたり
聞光力《もんこうりき》のゆえなれば　心不断にて往生す

この『和讃』は、不断光の御徳を讃嘆なさったのであります。

この前に、清浄光《しょうじょうこう》と歓喜光《かんぎこう》と智慧光《ちえこう》とを讃嘆なさいましたのは、如来の光明の御徳の、横に十方衆生を化益したもう相《すがた》を、讃嘆なさったのでありまして、『和讃』に

無碍光仏《むげこうぶつ》のひかりには　清浄、歓喜、智慧光
その徳不可思議にして　十方諸有を利益せり

と申されておりますが、この「不断光」とは、竪《たて》に時間的に、三世にわたりて利益せられる御徳《おとく》を、讃められたのであります。

### 2

このように、不断光の御徳を有していらっしゃるゆえに、如来を不断光仏と申しあげることであるが、それは如来の光明が、わたしどもをご照護《しょうご》下さるのには、その光明は常恒《じょうごう》であって、断絶なさることがないのであります。光明遍照《こうみょうへんじょう》十方世界《ぼうせかい》の光明は、過去世より今日今時にいたるまで照らしづめであって、絶え間がないのであります。今日

まで、わたしの方で知ると知らざるとにかかわらず、如来の大慈悲は常に恒《つね》に不断に照らしておって下さるのであります。

その不断光の御力によって、ようやく信心が発《おこ》るようになったのであります。そして一たび信眼がひらけて見れば、いよいよ摂取の心光に摂護せられて、過去のみならず現在も、不断に照らされておることを知り、なお未来永遠にわたって、不断に照護せられることを信知するのであります。

## 3

「聞光力のゆえなれば」とあります。聞光力ということは、聞とはただ耳に聞くだけでなく、聞信といって聞いて信ずることであります。聞けども信ぜざれば聞かざるが如し、見れども信ぜざれば見ざるが如しと、いうような風情であります。聖人は「聞というは、聞くという。聞くというは、この法を聞いて信じて、常に絶えぬなり」と申されております。

それゆえ、聞光力とは光力を聞いて信ずることであります。光力とは仏の御徳の力であります。すなわち仏力のことであり、本願力のことであります。本願力として仏力としての、従来のべました無量光《むりょうこう》、無辺光《むへんこう》、無碍光《むげこう》、無対光《むたいこう》、炎王光《えんおうこう》、清浄光《しょうじょうこう》、歓喜光《かんぎこう》、智慧《ちえ》光《こう》というように、如来の光明によってその御慈悲と、その御徳をつくづく聞きひらいて、一念の信が発りましたならば、その信は、如来の不断に照らして下さった御力によるのであるから、「聞光力のゆえなれば」と申されたのであります。

「心不断にして往生す」とは、我々衆生の受くる利益であります。「心不断」とは、4 心々相続のすがたであります。心々相続とは信心がつねに相続することであります。「心不断にて往生す」とは、未来浄土に往生するまで、すなわち人間生活として今生一代の間、信心の人の受くる幸福の状態を示されたものであって、一生の間においては心不断ということが、最上の幸福を受くることであります。

冠頭《かんとう》の『和讃』には

弥陀の名号《みょうごう》となえつつ　信心まことにうるひとは
憶念《おくねん》の心つねにして　仏恩報《ぶつおんほう》ずるおもいあり

とあります。信心まことに得たひとは、憶念の心がつねにありて不断であり、したがって仏恩報ずる心がつねにあり、不断であるのであります。この二つは、信心を得たもののしあわせであって、信心が不断に相続するのであるから、申すまでもなく、つねに「弥陀の名号となえつつ」の生活であります。信相続は自然に行の相続、念仏相続となり、念仏相続は憶念の心々相続となり、報仏恩の心が相続するのであります。ちょっと聞くと、そんなことは何でもないことのようですが、よくよく味わうと、この事が最上の幸福生活であります。

## 5

他力大慈悲の本願である光明の御徳を聞いて、なお他力信心の発《おこ》らない人、すなわち自力信のひとは、如来をたのむ心を常に発そう発そうと心懸けて、そして御念仏を忘れぬように、称えよう称えようと絶えず努力するのであります。つねに努力しますけれども、自力心をもって絶えず努力しておるということは、実は苦しいことであって、忘れまい忘れまいとしておりながら、いつの間にか忘れておるものであります。念仏を忘れては、びっくりして勤めますけれども、たのむ心も忘れづめとなり、称える念仏も忘れづめとなるのであります。絶えず心に策《むち》うって、忘れまい忘れまいとしておることは、それは結構なことのようですけれども、思い出すことに努力しておらねばならぬようでは、実は苦しいことであります。そして安心と喜びよりも、不安が常につきまとうておるのであります。どうしても、自然に思い出されてくるようにならねば、安心も喜びもありません。ありがたいというのは、忘れておる貪瞋煩悩《とんじんぼんのう》の生活中から、我ならずして思い出されてくるのであってこそ、他力広大の御慈悲として喜ばれるのであります。ありがたいとか嬉しいとかいうのは、この味わいであります。いろいろのことに取紛《とりまぎ》れて生活して、忘れているようでも忘れられず、思い出されてきて喜べるのが、「憶念の心つねにして」という喜びであります。

## 6

光明照護《こうみょうしょうご》の力によって、聞いて信ずるようになった、すなわち一心に弥陀如来をたのみ申し上げる心の発ったということは、口でいえば、一口に一念の信でありますけれども、この一念の信が、真実の聞信であるなれば、摂取《せっしゅ》の心光に照護《しょうご》せられた摂取《せっしゅ》不捨《ふしゃ》の身となって、たすかった喜びと安心を得て、常恒不断《じょうごうふだん》に照護の中、光明中の身となる幸福に接するのであります。また、憶念心相続《おくねんしんそうぞく》の幸福を得ていつ思い出しても、安心と喜びとの所有者とならせて戴くのであります。したがって称名相続《しょうみょうそうぞく》の身となることは、歓喜の生活をさせて頂く事であります。それはしたがって「仏恩報ずる思いのある」生活であります。これを聖人は知恩報徳の益と申されました。これを本願を聞信したる信心の人の、現在ただ今から、一生涯いただく幸福であると申されます。真の意味においてたすかるという他力本願を喜び、報仏恩の心の発《おこ》るということは、最上の幸福な心の所有者となることであります。真にありがとうと、心底から安心し喜んで、御恩を喜ぶという程、しあわせなことはありません。この報仏恩の心を知恩報徳と申されました。恩とは恩恵であって、自分の上に恵みとしてきておられることを恵みと知るほどしあわせなことはありません。たとえ山程の恩恵を、親から、兄弟から、夫から、妻から、師友から、他人から国家社会から受けておっても、それが自心に知られない間は、ちょっとも幸福ではありません。

人間は、自分が今日まで、どんな心できたか、ただ今はどんな心でおるか。今日までどんな事をしてきたか、ただ今はどんなことをしておるかが、見えてこない間は、いかに学問しても、いかに金を殖やしても、いかに名声を得ましても、それは決して幸福として喜べるものではありません。反対に、ひそかに我が心を覗いてやるならば、まことに、哀れに惨めなものであります。このように、自分を知らないということは、どこまでいっても、幸福とはなりません。外から多大な恩恵を、こうむり受けておっても、それが見えない人、それが知れない間は、決して幸福も感ぜられず、喜びというものもありません。それゆえ自分を世界中の最不幸者と常に考えておるのであります。そして自分以外のものを常に怨《うら》み呪《のろ》うようになり、不平満々の生活は瞋恚《しんぬ》の生活となるのであります。すべての恩怨《おんえん》の奥に流れ通っておらるる仏力仏智の大恩を知って、真に人生を読み得たということは、また一切の恩恵を知り、その恩沢《おんたく》にひたたって感謝感恩の生活をするようになるのであります。こういう報徳の生活が少しでも始まってきてこそ、人生における真の幸福生活が味わえるのであります。

7

聖人は「菩提心《ぼだいしん》のたえぬによりて不断という」と申しておられます。

『和讃』に

信心すなわち一心なり　一心すなわち金剛心
金剛心は菩提心　この心すなわち他力なり

とあります通り、信心は菩提心であります。

菩提心とは自利利他円満の喜びであります。他力信心は、如来の廻向《えこう》として、自利を満足させ、利他を満足させて下さるのであります。自分が引きうけられ摂取せられて、永遠にたすけられて、幸福に昇っていっても、他のものが悩みつつあってそれがたすかってゆかねば、自然、自分の心はたすからないこととなるのでありますが、一念の信心は、願力として自利と利他との両方を満足させて下さるのであるから、信心ひとつによって、自分も他のものも助かってゆくに違いない、助けられてゆくに違いないという満足と安心を得て、ここに完全なる安心と喜びをうるのであります。それゆえ「菩提心の満足が絶えぬによりて心不断なり」と、喜ばれておるのであります。信こそは自利と利他とを満足せしめて下さる道であって無上の幸福であります。

他力信心は金剛心《こんごうしん》であって、金剛の如き心であるといふことが、また非常なる幸福であります。

## 8

金剛は百千万劫《まんごう》の間、水火の中に置かれても、爛壊《らんえ》せず、腐ることもなく、こわれることもないのが、金剛の徳であります。他力菩提心もこれと同様であります。他力信心には金剛の徳があって、「これを衆生貪瞋煩悩中《しゅじょうとんじんぼんのうちゅう》、能生清浄願往生心《のうしょうしょうじょうがんおうじょうしん》」と申されています。我々の心は朝夕貪欲《とんよく》の泥濁《でいじょく》の如きものであって、その中から憶念《おくねん》の心がつねに、本願を喜び、光明を讃仰するということは、金剛が水中にあって腐らないようなものであり、瞋恚《しんい》生活の火焔中《かえんちゅう》にあっても、この信は焼け爛《ただ》れるということもなく、燃損《ねんそん》することもなく、常恒不断《じょうごうふだん》に菩提心の法悦《ほうえつ》が相続するのであります。金剛は他の何ものにも壊されず、却って、摧破《さいは》せんとしてくる何物をも破摧《はさい》してゆく徳を具《そな》えております。他力信心の幸福は、他の何物にも破壊せられざる徳と、この徳を壊そうとするものを却って破摧してゆく、不断の力と幸福の永続性を有しておるのであります。

## 9

聞信させられたのは、如来の不断光の御力であって、聞信によって「心不断にて往生す」る生活とならせて下さるのも、如来の不断光の御徳であります。信も不断光の御力であり、そして信の利益として、心不断の徳を頂いて生活するようになったのも、不断光の御力であります。

不断光仏と申すごとく如来は光不断でありまして、光不断の御力によって、聞光力の信を頂き、聞信によって、心不断の幸福を得て人間生活をなしつつ、ついに浄土に往生することまでが、不断光の御力であります。「摂取心光常照護《せっしゅしんこうじょうしょうご》」と申されている如く、常に摂取せられつつ、不断に照護せられながら、浄土に往生して仏果涅槃《ぶっかねはん》の妙証《みょうしょう》に達せさせられるのであります。

## 第十　難思光

### 1

仏光測量《ぶっこうしきりょう》なきゆえに　難思光仏《なんしこうぶつ》となづけたり
諸仏は往生嘆じつつ　弥陀の功徳を称ぜしむ

聖人は『和讃』に、難思光《なんしこう》の御徳《おとく》を仰いでこのように申され、その次には

神光《じんこう》の離相をとかざれば　無称光仏《むしょうこうぶつ》となづけたり
因光成仏《いんこうじょうぶつ》のひかりをば　諸仏の嘆ずるところなり

と申されて、無称光の御徳を讃嘆せられました。

これは二首の和讃をもって、仏徳の難思議なることを説かれたのであります。先の和讃

は難思の徳ですから、不可思の徳であって、こうである、ああであると心で思い尽しがたきことであります。無称とは不可議といって、ああであるこうであると、言葉をもってもいい尽し説き尽しがたきことを、申されたのであります。釈尊が、仏の四弁《べん》八音《おん》の仏力をもってすら、説き尽すことができぬゆえに、難思光仏とか無称光仏とか申されたのであります。

言い尽せぬ、また思い尽せぬといっても、事実として存在するものは、何とかして説きあらわさずにはおれないから、強いて十二光の名をあげて讃嘆せられたのであって、無量光、無辺光、無碍光、無対光、清浄光、歓喜光、不断光と、種々の名によって、何とかしてその御徳をあらわそうとせられたのですけれども、阿弥陀如来の御徳は、実は無量なのですから、言っても言っても、説き尽せぬ御徳であります。それゆえ、ついにここまできて、難思光仏、無称光仏といってしまわれたのであります。すなわちこの難思と無称ということによって、無量の徳を含めてしまわれたのであります。このゆえに曇鸞大師は、阿弥陀如来の御徳を一語に示したいために、難思無称の意味から、阿弥陀如来の徳号を、不可思議光仏と申して、さらに仏名を立てられたのであります。

無称光といって、思いつくしがたしといっただけでは、その御徳は知れませんから、

2

聖人は『和讃』に

　仏光測量《ぶつこうしきりょう》なきゆえに　難思光仏《なんしこうぶつ》となづけたり
　諸仏は往生嘆《おうじょうたん》じつつ　弥陀の功徳を称せしむ

と申されたのであります。無論、それも勝手に申されたのではなく、『大無量寿経』に、「如来の智慧海は深広にして涯底なし。二乗（声聞《しょうもん》、縁覚《えんがく》）の測り知るところに非ず。ただ仏のみ独り明了なり。」と釈尊の申された経典の意味をもって申されたのであります。唯仏与仏《ゆいぶつよぶつ》の知見といって、仏は仏に非ずんば知るべからずというべきであり、すべて仏のことは、仏以下の者が知ることはできぬものであります。仏の徳を仏以下の者に解るように、説きあらわさんとせられても、それは説いても説いても説き尽せないのは、もとより当然のことであります。

「測量《しきりょう》」とは、はかり知るということであり、測《しき》とは深さをはかることで、量とは軽重や数の多少を知ることであります。仏光すなわち仏の御徳の広さと深さは、推《お》し量ることのできない広大さであるから、難思光仏と申されたのです。比較することができてこそ、これよりは広いとか深いとか、どれ程とか、明らかにあらわすことができましょうが、す

べて諸仏の徳を超えておらるる阿弥陀如来の御徳には、比較するものがないのですから、難思光と申すよりほかはないのであります。

3

「諸仏は往生嘆じつつ、弥陀の功徳を称せしむ」とありまして、阿弥陀如来の光明が、横には十方の衆生におよび、竪《たて》には三世を貫いて、衆生を照らし、ついには阿弥陀如来の大慈悲を知らせて、苦しみ悩める衆生のただ一つの助かる道として、一念帰命の信を発《おこ》させ、そして摂取不捨《せっしゅふしゃ》の身とならせて摂取の心光に照護せられつつ進む生活者となし、ついには安養浄土の往生をとげ、涅槃の智がひらけて、阿弥陀如来と同様のものとせられることを、諸仏方は皆一様に、往生することのできない筈の凡夫《ぼんぶ》を往生させて下さる御光の御徳を、称嘆しておられるという意味であります。「称ぜしむ」とは、「ほめたもう」ということであります。

4

「諸仏は往生嘆じつつ」とは、衆生が如来光明の威神力によって往生させられるのをみて、阿弥陀如来の御徳の広大なることを、諸仏が感嘆しつつ、ほめておられるということであります。諸仏とありますのは、先にいいました如く、諸仏以下の菩薩《ぼさつ》や縁《えん》覚《がく》や声聞《しょうもん》ぐらいが讃嘆したのでは、阿弥陀如来の不可思議の御徳を、本真にほめたこととはならないのであります。それは下の者が上の者の真価《しんか》を知ることは不可能だからであります。ちょうど、低き人が高き人の全体を知ることができないのと同様であります。だから下位の人がいかに讃めても、それはその人程に解って讃めたのであって、全体を知ったのではなく、真の苦心と真の尊さは分らないものであります。大体、下位の人が上位の人の真価を知るということは、あり得ないことであって、批評であっても、讃嘆であっても、それは本真の批評とならず本当の讃嘆とはならないものであります。一段違った人の意中というものは、学者にしても徳者にしても、政治家であっても武術者であっても、一段下の人からは真実のところは分らないものであります。批評してもそれは当っておらないものであって、それは必ず妄評《もうひょう》となってしまうのであります。それゆえ真に知るということは、同等の階級の者でなくてはならぬのであります。英雄は英雄を知るといいますように、低級なものは目が利かないのであります。だからそんな人々にいかに讃められても、それはその人が本当に豪《えら》いのか、徳が勝れておるのかは、いまだ疑問としなければなりません。

## 5

「知己《ちき》」ということをいいますが、百人千人の自分以下の人に讃められるよりは、自分と同等の人に讃められたのでなくては、真の知己ではありませぬ。同等の人こそ真の自分を知ってくれるものであり、真に批評してくれるものです。同等の人が讃めてくれたのは、それは本真の徳と力を知ってくれたのであります。しかるに、平生、わたしどもは誰にでも讃められたいと願ったり、自分以下の人々から讃められて喜んでおるのは、それは自分には真の徳がないのに、買い被《かぶ》ってくれたことの喜びであり、買い被ってくれることを願っておるのであって、実に哀れむべき心事であり、さむしき根性であります。それは必ず名聞心《みょうもんしん》の満足を喜んでおるのであって、きっとまたなんらかの利益を、どこかで得んと考えておる利養心のあらわれであります。それゆえ、自分以下の人々に、讃められることがたとえあっても、決して自惚《うぬぼ》れてはならぬのです。それは自分の一部分を見て評価しておるのであって、全体としての自分の真価は知られておらないのですから、却って大いに畏《おそ》れ大いに慚《は》じなければならぬことであります。自分以下の人々がいかに讃めていても、自分と同等とか自分以上の人は、必ず、上から笑っているに相違ないのであります。

## 6

それについて思い出されるのは、源信和尚《げんしんかしょう》の話であります。源信和尚の母は幼い一子源信を、比叡の山上に僧として送り、自分はひたすら彼が尊き僧となって亡き父を救い、今の我をすくい、普《あまね》く一切の衆生をも助けて下さるいみじき僧となれよと念願しつつ、久しくひとり住居して、待ちわびつつ、年月を送られたのであります。漸く、歳月つもりて和尚十五歳の時、陛下の御前に召されて、『阿弥陀経《あみだきょう》』の異訳《いやく》である『称讃浄《しょうさんじょう》土経《どきょう》』を講説せられ、一山の名誉を博して、その上黄白《こうはく》の絹を御布施として頂戴《ちょうだい》せられたのであります。和尚は、日夜念頭を離れない母に、これを見せて喜ばせたいと、早速使者に持参せしめられたのでありました。その時、喜ぶべき筈の母は喜ばずして、却って厳しき返書とともに、この黄白の絹をつきもどされたのであります。その文中に、「布施にうたれては尊き聖人も地獄に落つるということである。布施を喜んでいるようでは、御身が地獄に堕《お》つるは無論のことであるが、御身が堕つるのはいたし方がないとしても、御布施を喜ばして、この母までを地獄に堕さんとしたまうか。迷える人の世に、迷える人々に讃められて何にかせん。人間に讃められることに満足したまわずして、諸仏の御前にて讃めらるる僧と、なりたまえとこそ存じ候。」という意味の長々とした返書であって、言々句々、切々として涙と血とで書いたような、真に子を思う真の親心というものを、ここに見ることができるのであって、この親にしてこの子ありと思わせられるのであります。諸仏の御前にて讃められる程のものとなれよとは、何とした意味のふかい言葉かと思います。恐らくはこの事ありて以来、源信和尚の学道は、廓然《かくねん》として踏み出されたようでありまして、それがついに、日本における他力本願の宗教の第一祖として仰がれる源信和尚となられたのであって、後には、母に対して十方衆生救済の他力本願、易行念仏《いぎょうねんぶつ》の教を説いて、ついに母を救い、我は母によって道を得、母は我によって道を得たり、母子相《あい》よりて道を成じたりと喜ばれたのであります。

## 第十一　無称光

1

神光の離相《りそう》をとかざれば　無称光仏《むしょうこうぶつ》となづけたり
因光成仏《いんこうじょうぶつ》のひかりおば　諸仏の嘆ずるところなり

これは『浄土和讃』の第十二首目の和讃でありまして、如来の十二光の御徳の第十一番目の、無称光を讃嘆せられたのであります。

「称《しょう》」とは讃めるという意義もありますが、聖人は今ははかるという意味を重くみて、思いはかることのできぬ御徳《おとく》をほめて、無称光仏と申しあげるのであると注意をしておられます。

この如来の光明は、相形《すがたかたち》を離れておられるのであるから、これを言葉にかけて説きつくすことができなければ、やむなく無称光仏と申しあげるのであるということです。

「神光《じんこう》」とは、如来の御光《みひかり》のことであります。神とは不測《ふしき》という意味であり、測るべからざることであって、不思議の御徳をあらわす言葉であります。聖人は「神光というは、すべて弥陀のかたち説きあらわしがたし。無碍光仏《むげこうぶつ》の御かたちを、いい開く事なしとなり。」と申されております。

本来、光というものは、形のなきものであります。その本体は存在してありながら、一定の形のなきものであります。定った一定の形がないから、それを「離相《りそう》」というのです。すなわち一定の相がなく一定の形のなきものであります。それゆえ、むずかしくいえば離相とは、有為生滅の法を離れることとも申すのであります。光明といっても、もとより太陽や電燈の光のような光明ではなく、如来の御心の徳と御はたらきの勝れておられるのを、たとえて光明と申すのです。太陽や燈光の如きは物質的の光ですから、色光《しきこう》というのです。如来の光明は精神的の光明ゆえ心光と申すのであります。普通の光である色光にたとえて申さねば、如来の御心の徳が説きあらわされないから、光明と申すのであります。

## 2

「離相《りそう》」とはわたしどもが通常考えているような、形というものを、離れておられる御徳を申すのです。わたしどもが平常考えている相《すがた》とはどんなことかというと、『涅槃経《ねはんぎょう》』には十相として説かれまして、仏果である涅槃の妙果に至れば、十相を離れるから涅槃と名づくと申されています。十相とは、色《しき》と声《しょう》と香《こう》と味《み》と触《そく》との五相《そう》と、生相《しょうそう》と住相《じゅうそう》と滅相《めっそう》との三相《そう》と、男相《なんそう》と女相《にょそう》の二相《そう》との十相であります。

色相を離れるとは、青とか赤とかと一定の色を有するこのようなものなりと固定したものでないということであります。涅槃とは色によってあらわされるものでなく、声によって知られるものでなく、こんな味なりこんなものなりと、触覚《しょっかく》によって知られるものでもなく、すなわち我々の五官をもって知覚し得べきものでないということであります。生相住相滅相を離れたりとは、何物であっても、すべてのものには、生相と住相と滅相とが必ずあります。一切のものには生ずる相《すがた》があり、滅する相があり、その中間には存在している住相というものがあります。これが存在するもののすべての規則であります。しかるに涅槃は有為生滅《ういしょうめつ》を離れたものであるから、この有為法の規則である生住滅の相がないのです。いわんや男相女相も離れているのであります。男相、女相とは最も解りよく申されたのであって、これは一方からいえば、涅槃とは男性的なものでもなく、女性的なものでもなく、また男の間にのみ存在するものでもなく、女の形をとって女の間にのみあらわれるものでもない、ということであります。こういうように申しますと、しからば一体、涅槃とはどんなものか、一切の形を離れ一定の相がないとすればそれは無なるものではないかといえば、無存在ではないのであって、存在はするが相を離れているのです。それが涅槃の徳というものであります。『教行信証』の行巻にも、「法性《ほっしょう》は無相《むそう》なるがゆえに、聖智《しょうち》は無知《むち》なり」とありまして、(そんなことをいい出すとむずかしくなるから止めておきますが。)「無相なるがゆえに、相として相ならざるなし」と説明されているのであります。

今も「神光の離相」とあって、離相とは如来の光明の御徳は、無上涅槃の徳光であるから、十相を離れるものである、ということであります。十相を離れるものなるがゆえに、これを何といって説きあらわせばよいか、実に難思議と申すよりほかはないのです。

「とかざれば」とは、説くことができなければということです。説き示すことができないから、無称光仏と申すのであると申されたのです。完全にこんなものじゃと説明することはできないけれども、知らせたいのであります。それゆえ「神光《じんこう》」といったり、「離相《りそう》」といったり、「無称光《むしょうこう》」といったりせられるのであります。十相《そう》を離れたるものということによって、いい尽せないけれども知らしたいのです。こんな色、こんな声、こんな香のもの、こんな味わいのもの、こんな手触りのものという一定の相《すがた》がないから、眼に見ること能はず、耳をもって知ること能はず、鼻をもって知ることも、舌をもって知ることも、手をもって知ることもできないのであります。また生住滅の相《すがた》がなく、また男相女相と定まっておらないから、このようなものであると、心に把《つか》み知ることもできないのです。けれども、離相《りそう》ということは面白いことであり、尊いことであります。すなわち十相を離れているものであるから、またしたがって自由に十相となることができるのであります。

もし水に一定の相と固定したる形があるものならば、水は一つの相に固定して、他の相とはなれないのであります。また水に固有の形があるならば、こんなものなりと説明して示すことができますけれども、元来固定した性質も相もありませんから、どんな相にも形にもなれる徳があります。これによってほぼ「法性は無相なるがゆえに、相《そう》として相ならざるなし、」という涅槃の徳も察知することができます。水でたとえていえば、水は青き色ともなり、白き色ともなり、黒き色ともなることができます。また水は音の相《すがた》において知ることもできます、雨の音、瀑《たき》の音、河の音としての相を示すこともあります。或いは清き水、臭き水、甘き水、鹹《から》き水として、説くことも知ることもできます。或いは軟《やわら》かきものとして手によって知り、硬《かた》きものとしては氷として知ることもできます。蒸気が水となって生じ、水として存在し、水蒸気となって滅することもできます。或いは水が氷となって生相をとり、住相をとり、解けて水となって、氷の滅相をとることともなるのであります。もしまた器に入れるならば男相ともなり女相ともなり、氷としても男相とも女相ともなることができます。これはたとえて申したのですが、それは一定の相というものに囚《とら》われず、相を離れているから、このようなものなりと、かっきり説くことはできないけれども、そのかわり、十相を離れたるものは、十相となる徳を有することを知らせたのであります。「無相なるがゆえに、相として相ならざることなし」とは、一定の相形がないから、一切の相《すがた》、どんな相《そう》をもとり、どんな形ともなることができて、不思議の徳を有することとなるのであります。

## 4

「無称光仏」と申しあげたのは、如来の光明には不思議の徳を具えられておって、すなわち無上涅槃の徳であって、離相であるがゆえに、その徳測り知るべからず、説けなくても、その徳はまた一切の相をとって、あらわれるのであります。その光明は吾人の境遇の上に、我等の内外に充ち、色声香味触《しきしょうこうみそく》の相の上にあらわれて、順境の上にも逆境の上にもあらわれ、その他、万物の上に相をあらわし、形をとって、あらわれたもうのであります。この光明は生住滅の相をとって、あらわれて、生相として住相として滅相として、その功徳をはたらかせて下さるのであります。生相としては釈尊としてあらわれ、或いは親として、師として、我子として、住相をとってはわたしどもと深き因縁を結んで下さります。滅相をとってはわたしどもに無常を教え、求道と得道に、すすませて下さることとなるのであります。男相をとっては、また釈尊とも、法然とも、親鸞とも、蓮如の諸聖ともなり、女相としては韋提希夫人《いだいけぶにん》とも、恵信尼《えしんに》、覚信尼公《かくしんにこう》とも、その他清信の男女ともなりて、その光明をかがやかし照らして下さるのであります。説くことはできぬが、知ることはできるのであります。

## 5

「因光成仏のひかりをば、諸仏の嘆ずるところなり」、とある因光成仏《いんこうじょうぶつ》とは、阿弥陀如来は光によりて仏となられた如来ということであって、因とはタネとしてという意味であります。聖人は「光をたねとして仏となりたまいたり。光きわなからんと誓いたまいて無碍光仏《むげこうぶつ》となりておわしますと知るべし。」と申されております。すなわち、阿弥陀如来のことを讃め申し上げて、天親菩薩は尽《じん》十方《ぽう》無碍《むげ》光如来《こうにょらい》と申されました。そのみ光は、東西南北四維上下の十方を尽して、到らぬところなき仏とならんと、第十二の光明の本願をたてて、その願をもととし仏果の因《たね》として、永劫《ようごう》の修行ののちに、願成就して、阿弥陀仏と申す仏となられたのであります。

『観経』にある、「光明遍照《こうみょうへんじょう》十方《ぽう》世界《せかい》、念仏衆生摂取不捨《ねんぶつしゅじょうせっしゅふしゃ》」とある御こころであります。十方衆生をたすけとらんとして、その念願を成就するために、光明きわなからんと誓われたのでありまして、その光明は過去遠々の昔より今日ただ今まで、わたしどもの背後に、常に照らしづめにお照らし下されているのであります。すなわち色声香味触の相となって、また生住滅の相を示して、或いは男相をとり女相となって、はぐくみそだて護りつつ、ついには一念の信を発《おこ》させて、摂取不捨《せっしゅふしゃ》の身とならせようとせられているのでありま す。わたしどもがこの本願に眼ざめて、一心にたのみ帰命する身となれば、このような念仏の衆生を摂取不捨して、一生涯は摂取の心光に摂護して、摂さめ取りてお捨てにならず、護《まも》り護りてついには浄土に往生させて、成仏得道させ、涅槃の妙果《みょうか》を開かせて、如来自身と同体の証果《しょうか》の身として、如来の光明と同じ徳を、具有する身となさせて下さるのでありま す。そもそも因光成仏は、如来自身のためでなくて、全くわたしども苦悩の衆生のためであって、現在より摂取して、摂取心光中の生活者とならせ、ついには仏果に至らせようとの光明の本願によりて、成仏していらっしゃる如来でありますから、その光明は神光と申すべく、離相の徳を有していらっしゃるのであります。

釈迦弥陀は慈悲の父母　種々に善巧方便し
われらが無上の信心を　発起せしめたまいけり

と申された通り、光明の徳用は実に不可思議と申すほかはありません。まことに尊き御慈悲であります。

## 6

「諸仏の嘆ずるところなり」とは、諸仏方が阿弥陀如来の光明の御徳を、讃嘆しておられるということであります。わたしどもが讃める位でなく、諸仏がお讃めになるということです。諸仏がお讃めになる位であるから、それ以下の菩薩や、声聞や、人間の讃めることは無論であります。

阿弥陀如来の光明は、「諸仏の光明のおよぶところにあらず」とも、「威神光明最尊第一」ともありまして、諸仏の光明はその本願にしたがって、種々不同であります。また仏によっては、いかなる衆生を照らし護《まも》るという限定もありますが、阿弥陀如来の光明には、いかなる者という条件もなく、実に十方衆生の本願であります。全く他力によりて照らし育てて、他力の信を発さしめて、念仏衆生とならしめ、摂取して捨てず、護り摂めて、ついに往生成就せしめずんば、正覚とらじとの本願であります。全分他力によって救済しようとする光明の御徳なるがゆえに、諸仏は皆、この如来の光明の徳をお讃めになるのであります。

## 7

お讃めになるということは、信を讃め、信をすすめていらっしゃるのであります。

すなわち諸仏が如来の徳をお讃めになることは、自然、仏意に従い仏の仕事をお助けになるのであります。それゆえお讃めになることによって、信をすすめていられるのであります。

8

このようなことのすべては、何によって知るとならば、それは信によって、初めて知ることができるのであります。信ずるまでは、勧められているという話にとどまって、「神光《じんこう》の離相《りそう》」と申されても、それは説明に過ぎないのであり、「因光成仏《いんこうじょうぶつ》の光《ひかり》」と聞いても、説明を聞くまでであります。「諸仏の嘆じたまう」ということも、それは信によって知ることであります。信は体験であります。噂話を聞いたり説明を聞いて、感心したり喜んだりできぬこともありませんが、実地の味験は得られないものであります。説明は、いかほど重ねても信とはなりませぬ、けれども、説明によって信が発《おこ》るならば、信こそは唯一の説明者であって、以前の説明解釈の偽りならざることを、自ら証明するものであります。蜜柑《みかん》の説明が味とはならないけれども、説明によって舌に味うこととなれば、説明が真実となって、味が真実の説明者であり、証明者となるようなものであります。

阿弥陀如来とは光明であり、光明のほかに阿弥陀如来はありませぬ。また光明のほかに如来を知ることもできないのであります。遍照《へんじょう》の光明によって、如来をたのむ一念の信が発り、如来をたのむ心となってこそ、如来の光明を知ることができるのです。信心をうるほかには、永久に、如来を知ることはできないのであります。

# 第十二　超日月光

## 1

釈尊は、阿弥陀如来の御徳《おとく》を讃嘆して、如来には十二の光がおありになりますとして、上来のべてきましたように、無量光《むりょうこう》、無辺光《むへんこう》、無碍光《むげこう》、無対光《むたいこう》、炎王光《えんおうこう》、清浄光《しょうじょうこう》、歓喜光《かんぎこう》、智慧光《ちえこう》、不断光《ふだんこう》、難思光《なんしこう》、無称光《むしょうこう》、超日月光《ちょうにちがっこう》と、十二光をあげて、如来はこのような十二の光明を放ちて、常に我々衆生を照らして下さっているのであると申されました。もとより、光明の御徳は十二に限っているのではなく、実は無量でありますが、略して十二の徳光をあげて、讃嘆せられたのであって、実は釈尊の御力をもってしても、述べ尽しがたいことをしめして、昼夜一劫の間、説きつづけても説き尽すことができないと申されているのであります。前にも申しましたように、最後には、難思光、無称光と申されまして、その御徳は心にも口にも尽しがたしと申されたのであります。口にも説き尽せぬといえば、その徳の勝れられていることは十分解る筈でありますけれども、一般に愚なる衆生《しゅじょう》は、すなわち声聞《しょうもん》でも菩薩《ぼさつ》でもない凡夫《ぼんぷ》にあっては、なお充分呑み込んで満足することが、できかねるのであります。しかしまた凡夫に解るように説くことができず、凡夫には全然測り知ることができないかといえば、あながちそうではないということを知らせようとして、最後に超日月光《ちょうにちがっこう》という徳名を出して、いかなる衆生にも解り易いように説き示されたのであります。

「超日月光」とは、字の如く、如来の光明の御徳を、この世間の月日の光明の徳と比べて見ても、比べものにならない程、勝れた御徳であり、御徳のある光明であることを示されたのであります。すなわち、日月の光明という、目前に手近に、日常我々の受けて知っている光明を出して、これと比べて如来の光明の勝過《しょうが》していらっしゃる程を知らせて下されたのであります。

## 2

光明月日《こうみょうつきひ》に勝過《しょうが》して　超日月光《ちょうにちがっこう》となづけたり
釈迦嘆《しゃかたん》じてなおつきず　無等等《むとうどう》を帰命せよ

聖人は『和讃』にこのように申されております。これは無碍光如来の光明は月日に勝れた徳を有していらっしゃるゆえに、阿弥陀仏を超日月光と申しあげたのであって、釈迦如来の八音四弁の弁才をもってしても、説き尽せないほどの、勝れたる御徳であることを示されたのであります。

「無等等《むとうどう》」とは阿弥陀仏のことであります。何故、無等等というかといえば、一切の衆生というものは一人として、仏に等しきものはないからであります。一切衆生中、最も勝れて尊い徳のある方が、仏であって、仏に等しき人はないからであります。仏と等しきものは衆生中にはないが、仏と仏とは等しいのですから、諸仏は皆「無等」と申すべきであります。それゆえ、「無等等」と、等の字をなお一つ付けて、等しき人がないばかりでなく、諸仏にも超えていらっしゃる尊き阿弥陀如来ということを、示さんとせられたのであります。それゆえ「無等等」とは仏名であって、阿弥陀仏のことであります。

## 3

この世界において、直接に最も手近に知り易い光明の徳は、日月の光であります。星の光明もなんらか吾人《ごじん》に大なる徳を与えておるのでしょうけれども、最も近く日夜、我々のよく知る光は、月の光と日の光であります。そしてそれはまた、第一に不思議というほかはありません。仰いで見れば見る程、考えれば考える程、その存在が不思議なるのみならず、その徳もまた不思議であります。

普通の語をもっていえば、日は毎日々々東より出でて西に没して、それが少しの異変もなく、それをつづけておるのであります。もし一日でも太陽が東より出でず、この世界を照らさなかったならば、不便極まりないというくらいのことでなく、恐らく、万物は直ちに死ぬであろうとさえいわれております。

不可思議なる存在として、また不可思議なる活動としてのみでなく、その光明の徳は、空気を浄化し、黴菌を消毒し、気温を保ち、物を温め育て養っているのであります。仔細に考えれば、実に不可称不可説不可思議の徳であります。難思光であり、無称光でありま す。もし太陽の光がなかったならばと考えてみると、太陽の広大難思の偉徳が少しは分ります。梅は咲くであろうか、桜の花はどうなるか、一般の草木も直ちに枯死してしまうでありましょう。そして永久に生えてくることもなくなるでしょう。そうすれば家を建てることもできなくなり、衣服を着ることもできなくなり、米や麦も、野菜もできなくなるのみならず、一切の鳥獣も生存しなくなるのはもちろん、したがって人間自身も存在できなくなるに定っておるのであります。その他どんな事が起るかということは、考えおよばぬほどであります。したがってその反対に太陽の光明一つが存在して、照らすということによって、万物が存在するといわねばならなくなるのであります。それゆえ太陽の存在と照護《しょうご》の徳は、口に説くことはできず、心に思い尽すことのできない、無量の徳を有することが知れるのであります。我らはその光の中に生存しつつも、その徳が余りに大なるがゆえに、それ以下の物の徳を知っても、太陽の徳光を讃嘆したことがなく、感謝したこともないのであります。むしろ考えようとさえしないのであります。

太陽を礼拝することは、原始時代の民族のすることのようにさえ考えていますが、原始往古人の素直さといおうか、敏感さといおうか、わたしはそこに尊厳さをさえ認むるのでありましす。

## 4

無知識なるわたしは、月の光や星の光の徳を知ることができません。ただ月の光が夜の闇を照らして、光明を与えることだけしか知らないのでありまして、現代の我々都会人は、夜の明るさを与える月の光さえ忘れておるのであります。しかしながら、日の光だけには、昼を照らして、世界から闇黒を除いて明るさを与えて、毎日々々わたしどもを蘇《よみがえ》らせてくれるありがたさを、少しは知っているのであります。ともすると都会人は、その昼さえ電燈や瓦斯の光で暮すことが多いものですから、太陽の光がなくともといったような考えを、持ち兼ないのであります。

このように、ちょっと考えただけでも、考えれば考えるほど、日光の徳には限りがないのであります。しかしながら、それは人間の肉体生命と、肉体生命の上に関してのことであって、照らすというも養うというも、肉体生命とその生活についてであります。その徳はありがたいには相違ありませんが、その光明が吾人《ごじん》の一心を照らし養い、一心を救済するという能力はもたないのであります。

如来の光明を「超日月光《ちょうにちがっこう》」と名づけられたのは、如来の光明は、日月の光明の徳に似ている点もあるけれども、この光明が衆生の一心を照らし育てて、お救い下さるからであります。

## 5

月の光は、夜を照らしますけれども昼間は照らしませぬ。日の光は昼間を照らしますけれども、夜を照らしませぬ。されど光明遍照《こうみょうへんじょう》十方世界《ぽうせかい》の如来の無碍光《むげこう》は、十方一切の世界を照らすのみでなく、昼夜不断に照らすゆえに、尊い月日のその徳にも勝過することを知らせようとして、「超日月光」と申されたのであります。

また、先にもいったように、日月の光は、我外を照らし、外界の万物を照らしますけれども、我内を照らすことはありません。外の闇は無くするが、心の闇と苦悩をどうすることもできませんから、如来の光明を「超日月光」と申すのであります。

なお一歩進めていえば、如来の光明は、外も照らし内も照らして下さるのであります。すなわち日月の光明は物の一面を照らせば一面を照らさず、すなわち照らすことができない一面がありますが、如来の光明は、内外を照らし、前後を照らすのであります。如来の光明はわたしの心を救わんとして、常に遍照の光明を放って、外界に充ちて照らして下さるのであり、その光は外より我一身を照護し、なお直接には我内界を照らして、煩悩罪悪《ぼんのうざいあく》に充ちたる邪見憍慢悪衆生《じゃけんきょうまんあくしゅじょう》なることを知らせ、内外両面より照らしつづけて、ついに一心帰命の信を発《おこ》させようとしていられるのであります。これが「超日月光」と名づけられる所以《ゆえん》であって、日月の光も現に尊き光明であり、多くの徳をそなえているけれども、如来の光明の尊い徳とは比ぶべくもないのであって、このような如来の光明なるがゆえに、これを「超日月光」と名づけられたのであります。

それゆえ、『大阿弥陀経』には、「阿弥陀仏の光明は日月の明よりも殊勝なること、百千億万倍なり」と申されております。我々の幸福は、衣食住の生活や、欲望満足の生活ばかりでは、真の幸福となるものではなく、真の幸福は一心の安住と満足にあるのでありまず。いかに衣食住の安楽を得ても、また欲望の満足を得ても、内心の煩悶《はんもん》と苦悩は決して消滅せず、却って増大していくことを知るならば、外的生活の満足だけでは、真の幸福に接することはできず、必ず内的生活の上に、安楽と満足と安住を得る一心の救済こそ、最も重要なることを知るでありましょう。それが「百千億万倍也」と申されたゆえんであります。

## 6

「無等等を帰命せよ」とは、阿弥陀仏を一心に帰命せよということであります。如来の光明は尊いのみならず、それが常に照らして下さるということは、我々に一心帰命の信心を発させて助けんがためであります。それゆえ最後に、このような御徳の光明に照らされている身であることを知れば、直ちにこの如来に帰命すべき事を指し示して、信を勧めておられるのであります。光明遍照《こうみょうへんじょう》十方世界《ぼうせかい》と、十方の世界を照らして、内外より我を照らして下さる如来の光明は、いつかは一心帰命の信を発させて、念仏の衆生にしたいためであって、内外より遍照したみ光は、同時にまた摂取不捨《せっしゅふしゃ》なさる摂取の心光であります。「帰命せよ」との一語は、真に忽《ゆるがせ》にすべからざる重大なる御声《みこえ》であります。

# 第五章　一切の群生光照を蒙る

## 1

この『正信偈』は、真最初に、「帰命無量寿如来、南無不可思議光」とありまして、それは、わが聖人が、本師阿弥陀如来に帰命せられた喜びのあまり、恭敬《くきょう》せられた意《こころ》であって、まず最初に、合掌礼拝された帰敬の意を、あらわされたのであります。そして次には、「法蔵菩薩因位の時」というより、「五劫《こう》にこれを思惟《しゆい》して摂受《しょうじゅ》す、重ねて誓うらくは、名声《みょうしょう》十方に聞えむ」というまでは、阿弥陀仏が、そのむかし、我々衆生を救わんとして、因位《いんい》において、発願し修行せられた模様を、最も簡単にのべられたのであります。そしてついに、わたしども衆生を救い得る仏となられた結果は、どんな徳のある仏となられたか、またいかにして、衆生をお救い下さるのかというありさまをのべられ、知らされたのであります。そして十二の光明の御徳をそなえられた光の如来として、その光明をわたしども、十方衆生の上に放ち蒙らせて、護り育てて、ついに如来に帰命する一念の信を発させ、もって衆生を救おうとしておられるのであるということを述べられたのです。

## 2

聖人は、この如来の十二光を讃めたたえて、『浄土和讃』に十二首をもって、一々の光の御徳を知らせて下さっているのであります。如来は十二の光明を放ってわたしどもを照らし育てて、信を発させて助けようとしておられるのであります。それゆえに、信心を発せば如来の十二の御徳は、わたしの徳となって、十二の利益をうるに至るのであります。それがために、『和讃』の終りには、一首一首に「帰命せよ帰命せよ」と、ひたすらに信をすすめられているのです。すなわち我々は信によって救われ助かるのであります。しかもそれは死後において初めて助かるのではなく、信の一念のその時より、現在において助かるのであることを知らせて下さりたいのであります。

## 3

阿弥陀如来の衆生済度《しゅじょうさいど》、すなわち、わたしどもを助けたいという救済の目的は、信を発させるにあるのであって、それがための本願であり、それがための御修行であり成仏であったのであります。それゆえ、光明の如来となって、普《あまね》く十二光を放って、時間的には三世を通じ、空間的には十方《ぽう》無《む》辺《へん》に、真に十方《ぽう》衆生《しゅじょう》の上にその光を放って、わたしどもに信の眼を開かせたいのであります。これを、「阿弥陀如来は光明と摂取との二つのことわりによって、衆生を済度したもう」と申すのであります。光明を放って、光によって照らし育てて、一念の信を発させて、信によって摂取《せっしゅ》不《ふ》捨《しゃ》の身とならせようとせられておるのが、如来の本願であり、これを摂取不捨《せっしゅふしゃ》の誓約と申すのです。「光照《こうしょう》」とは、光明遍照十方世界のことであり、摂取とは念仏衆生摂取不捨のことであります。摂取不捨の自信に入らせることが如来の衆生済度の目的であって、摂取不捨の身とさせるには、信を発させたいのです。それを信によってたすけて下さったと申すのであります。

## 4

如来は、普《あまね》く、十二の光明を放ちて、塵刹《じんせつ》を照らして下さっているのであります。塵《じん》とは微塵《みじん》ということであり、微塵とは数限りなき多くのことをあらわす言葉です、刹《せつ》とは国《くに》ということであります。それゆえ「塵刹」とは、ありとあらゆる国々という事であり、十方世界ということであります。如来の光明は、本願に誓われた如く、三千世界到らぬところなき光明であって、あらゆる国を照らして下さるのです。しかれば無論、我々の住むこの世界をも照らして下さることは、間違いないことであります。国土中を照らして下さるゆえに国の中に住む一切の群生は、この光照を被《こうむ》らないものは、一人もないのであります。今それを「一切の群生光照《さいぐんじょうこうしょう》を蒙《こうむ》るなり」と申されたのです。群生《ぐんじょう》とは我々衆生のことであります。

この趣を、『阿弥陀経和讃』の最初には

十方微塵世界の　念仏の衆生をみそなわし

摂取してすてざれば　　阿弥陀となづけたてまつる

と申されています。

されば、この世界は、如来の光明に照らされつつある世界であり、十二の徳光の充ち満ちた世界であります。まことにありがたいことです。ただそれを知ると知らぬとによって、明と闇とがあるのであり、幸と不幸とが分るるのであります。

## 5

ある人々は申します。さような光があるならば、ことさらに信ぜなくとも、護《まも》りたすけて下さるのではないか、すなわち、信じようとせずに、ほっておいても、信が発《おこ》るようにして下さるのではないかといったり、或いは、知るも知らぬも照らして下さっているならば、信ずるも信ぜざるも、慈光の中に育てられ護られておるのであるから、信ずるという必要もないではないか、などというのです。それも一応もっともな考えであって、樹木は、太陽に照らされ育てられておるということを、意識したり知っているわけではないが、照らされているという事実は、光にはぐくまれて、枝葉を茂らし花を開き実を結ぶに至るのでありますが、人間はそうはいけないのです。なるほど光照《こうしょう》を被《こうむ》っているのですから、捨てておいても照らされ育てられているには相違ありませんが、救われたい助かりたい念願を有する我々としては、信ずるようになろうとすることが、当然のことであって、すすめられて、このような心を発すようになるのが、光照を放ちつつある証拠《しょうこ》なのであります。それは、もとより衆生の方に、助かりたい願をもっているからであります。助かりたい願をもっておらないならば、それは無論、信をおこそうと思わなくともいいのでありまして、好きなようにして、いつまでも苦悩しておればよいのであります。苦悩を苦悩として眼醒めず、助かりたいと願わぬものでも、如来の光明は照らし照らして、いつかは救済の念願をおこすようにと、善巧方便《ぜんぎょうほうべん》の手をめぐらして下さるのであります。それは如来の十方衆《ぼうしゅ》生哀愍《じょうあいみん》の本願だからであります。

照らしておって下さるのならば、信ずるとか、帰命するとか、たのむとかということをしなくとも、それは遍照《へんじょう》の光明の中であり、摂取の光明の中なのであるから、信も帰命も必要でないではないかといいますけれども、それは理屈であります。理屈では片付いたようであっても、理屈は理屈であってそこには助かった自覚がないのであります。草木は非情物です。救済とは、自心の問題であります。人間は有情ですから、有情《うじょう》がたすかるというには、信知《しんち》といって自信なしには助かるものではありません。非情と有情ということを明了《めいりょう》に自覚せねばなりません。自分と他とも、はっきりして置かねばなりません。他物他人のことは理屈で解決しますが、自分のことは理屈ばかりでは一向たすからないのです。

それゆえに、救と不救とは信によって定まるのであります。

## 6

たとえば、ここに放蕩息子《ほうとうむすこ》があるとしますと、彼の親は彼を愛していまして、彼を一生安楽幸福なものにしたいために、一生をささげて物質上にも彼のために努力してきたのであり、精神上にも幸福にしてやりたいために、彼の現在を憂い彼の将来を思って、一生永久の幸福者としたい念願をもっているのであります。これを他より見れば、親には慈心《じしん》が満ちて、しかも力を尽して、その心願を昼夜運んでいるのがわかりますが、放蕩息子の方は、親の慈心が解らずに、却って親は自分を愛していてくれないと思い、自分の思うことの妨げをするようにさえ思うて、親を恨んだり憎んだりして、常に反逆心さえもっているのです。そして日々自分は、淋しい心を抱いて荒れ狂って、すさみにすさんでゆくのであります。いかに親の慈悲があっても、その光に接しておっても、それをそれと自覚せず、親の心を受けずして、親の心を見る眼の開かない間は、この息子の助かる時はないのであります。息子の知ると知らぬとにかかわらず、親の慈悲に変りはないのですが、その子としては助からないのであります。その子に親を信ずる心が発らないかぎり、親の光に浴することはないのであります。親の心が知られたら信ずるのであり、親の心にもしたがうのであって、そこにおいて、子は救われて安心と満足を得るのであって、またそこに親の念願も満足するのであります。

7　信は、如来と衆生とを一つにし、接せさせるものであります。すなわち如来の光明が光明と知られて、如来の徳が自分に通って、摂取心光常照護《せっしゅしんこうじょうしょうご》の自信に入るのであります。蒙《む》という字は、頭の頂《いただき》より脚の先まで残すところなく、こっぽり光明に包まれているという意味だそうです。包まれていることが、包まれていると知れるのは、信の力であります。信は眼であります。この眼が一たび開けてこそ光照《こうしょう》を光照と知り、摂取《せっしゅ》を摂取と知るのであって、そこにはじめて安心と歓喜が生ずるのであり、救われたり、助けられたりという自覚も起って、その時より現実に自己の幸福を喜び、光明の種々の利益を被《こうむ》りつつ、真に幸福なる生活者として更生を得るのであります。

# 第六章　救済の原因と結果

本《ほん》願《がん》名《みょう》号《ごう》正定《しょうじょう》業《ごう》
至《し》心《しん》信《しん》楽《ぎょう》願《がん》為《い》因《いん》
成等《じょうとう》覚《かく》証《しょう》大《だい》涅《ね》槃《はん》
必《ひっ》至《し》滅《めつ》度《ど》願《がん》成《じょう》就《じゅ》

本願の名号は正定の業なり
至心信楽の願を因とす
等覚を成り、大涅槃を証することは
必至滅度の願、成就すればなり

**語の略解**

(1) **本願の名号**とは、阿弥陀如来の本願に誓われた如来の御名《みな》、南無阿弥陀仏のことである。

(2) **正定業**とは、正定とは正しく定まること、何が定まるかといえば、わたしどもの往生が定まるのである。往生すれば大涅槃のさとりをひらくのである。大涅槃のさとりをひらけば仏となるのである。それゆえ正定とは往生して大涅槃のさとりを開いて、仏となることが、現在において定まることである。業とは業因という意味であって、たねということ、正しく定まるはたらきであり因《たね》となるものは、本願の名号《みょうごう》であるということである。

(3) **至心信楽の願**とは、如来の四十八願の中の、第十八願のことであって、その願文は、「設我《せつが》得仏《とくぶつ》、十方衆生《ぼうしゅじょう》、至心信楽欲生我国《ししんしんぎょうよくしょうがこく》、乃至《ないし》十念《ねん》、若不生者《にゃくふしょうじゃ》、不取正覚《ふしゅしょうがく》。唯除《ゆいじょ》五逆誹謗正法《ぎゃくひぼうしょうぼう》」

とあります。それゆえ、第十八願を至心信楽《ししんしんぎょう》の願というのである。

(4) **因と為す**とは、因とは原因の意味で、たねということ、本願の名号がわたしども往生の正定業となるには、至心信楽の本願がそのたねとなって下さっているということである。

(5) **等覚**とは、正定聚の位に入ることであって、『大無量寿経』の四十八願中の第十一願では、定聚《じょうじゅ》とあるが、『無量寿如来会《むりょうじゅにょらいえ》』の願文では「成等正覚《じょうとうしょうがく》、証大涅槃《しょうだいねはん》」とある。それゆえここには成等覚と申されている。等覚とは、凡夫《ぼんぶ》が仏となるまでに経過する五十二段の階級の中で、第五十一番目の最後の位であり、その次は妙覚といって、仏位のことである。

(6) **大涅槃**とは、滅度《めつど》ということで、滅とは煩悩の火が消ゆることである。煩悩の火の消えた境地は、苦悩のなくなった真の安楽の境地である。それについて、小涅槃と大涅槃との別があって小涅槃とは小乗の証《さとり》の境地である。煩悩が消滅して自己の苦悩がなくなったのも幸福には相違ないが、それは自分一個だけの幸福であって、消極的の幸福にすぎぬ。自分というものの完全なる幸福の境地は、自分以外のものをも、自分と同じ幸福に接しさせたいという利他の大愛から、他にはたらきかけてゆく、積極的の心があらねばならぬのであって、その念願を果しとげる能力者となるのを、大乗では大涅槃といって、それが本当の幸福の境地である。自分一人が助かった上からは、吾々の念願はそれが目的でなければならんのである。それゆえ、この世では正定聚の位に入り、すなわち等覚となり、あの世にては大涅槃の証を開くことが、ことごとく本願にその因が存するのであることを、知らせたいのである。

(7) **必至滅度の願**とは、第十一願のことで、『経』には、「設我得レ仏《たといわれぶつをえんに》、国中人天《こくちゅうのにんでん》、不下住ニ定《じょうじゅうにぢう》聚一《し》、必至ニ滅度上者《かならずめつどにいたらずんば》不レ取ニ正覚一《しょうがくをとらじ》」とあり、また『大経』の異訳たる『無量寿如来会』には、

「もし我成仏せむに、国中の有情、もし決定して、等正覚を成り、大涅槃を証せずば、菩提を取らじ。」とあるのである。

(8) **成就すればなり**とは、この世では正定聚すなわち等覚の位となり、未来には必ず涅槃にいたるのも、それは如来が第十一の本願を立てて、その本願を成就して下さったからであるということである。

1

本願の名号《みょうごう》とは、如来の御名であって、南無阿弥陀仏のことであります。如来はわたしども十方衆生を救おうとして、御名を誓われたのです。御名を誓うとは、衆生救済の方法として、御自らの御名を衆生に称えしめて、そのことによって、衆生を救わんと誓われたのです。それゆえ名号を正定の業と申されたのであります。衆生がたすかるのは、衆生自身が考え出したり行ったりするいろいろの善業によって、苦悩を解脱《げだつ》して助かることは不可能なことであるから、如来の御力によって助けようと、誓われたのでありま す。それゆえ「本願の名号は正定の業なり」ということは、衆生が苦悩から助かる道は衆生自身の自力では助からぬということを、知らせられたのであって、本願の名号ばかりが衆生を往生《おうじょう》させ、涅槃にいたらすことができる正定の業因であるということであります。

業《ごう》とは、業力とつづき、業因とつづく字であって、本願の名号ばかりが正定の業力《ごうりき》となるものであり、業因となるのであるということです。わたしは、いつも「本願の名号は正定の業なり」と聞くとき、自力では何をしても助からぬぞという声をきくのであります。助かるは本願の力なるぞ、名号の力なるぞという御声《みこえ》をきくのであります。すなわち、正定の業は名号なるぞということであります。それゆえ南無阿弥陀仏という名号をきけば、助かる道はただ他力なるぞ、ということを知るべきであります。

## 2

「本願の名号《みょうごう》」とある通り、名号によって助けんとして誓われたのが、弥陀の本願であります。第十七の願には、「設《たと》い我れ仏を得んに、十方世界の無量の諸仏、悉《ことごと》く咨嗟《ししゃ》して、我が名を称せずんば、正覚を取らじ」とあります。衆生を他力によって救済するためには、衆生に如来の名号《みょうごう》をとなえさせたいのです。衆生に称えさせるには、無量の諸仏のことごとくに、我が名号の徳をほめられねばならぬのであります。名号に衆生の助かる能力が成就しないならば、無論、諸仏が咨嗟《ししゃ》讃嘆せられることもなければ、諸仏が称名せられることもないのであります。しからば、諸仏のことごとくに咨嗟《ししゃ》称名せられるようになることは、御名を称えることによって、衆生が助かるにきまった時であります。

称するということは、口にとなえることではありますが、歌のように唱えるだけではなくて、称とはほめる意味であります。ありがたやと、ほめとなえてこそ、称名《しょうみょう》というべきであります。

### 3

それゆえ、「至心信楽《ししんしんぎょう》の願《がん》を因《いん》となす」ということが出でくるのであります。「至《し》心信楽《しんしんぎょう》の願」とは第十八願のことであります。願文には、「設い我、仏を得んに、十方の衆生、心を至し、信楽して、我が国に生れんと欲《おも》うて、乃至《ないし》十念せん、もし生れずば正覚《しょうがく》を取らじ」とあります。「乃至十念」とは一声もしくは十声ということであって、一声でも十声でも数に限りはしないが、南無阿弥陀仏と、となえること、口に行ずることであります。前の第十七願は、衆生救済のためには、南無阿弥陀仏という如来の名号を、衆生に行じさせたいのでありますが、それはつまり乃至十念させたいのであります。第十七の願の如く、衆生がほめとなえるようになるということは、衆生が助からねばならぬのであって、たすからねばどうしても、心からありがとうと、ほめとなえるようにはならないのであります。それゆえ衆生が南無阿弥陀仏と口に出してほめとなえるようになるには、称名が信に先立たれねばならぬのであります。ゆえに、第十八願の本意は、衆生に至心信楽欲生我国とある信心を、発《おこ》させたいという本願であります。衆生が名号をとなえても、至心に信楽してかの国に生れたいという願をもって、称えるようにならねばならぬのであるから、どうか衆生をして、そうならせたいとあるのが、この本願であります。だからこの本願を信心の願といいます。それは衆生が真に称名するに至るその因、すなわちそのものとを与えんとするのがこの本願であるからであります。それゆえ至心信楽の願を因となすと申されたのであります。至心信楽とありますけれども、それを簡単にすれば信心ということになります。「至心《ししん》」とは心を至しと読んでおられますが、至すとは真実になることであります。「信楽《しんぎょう》」とある信は、疑いの反対であり、「楽《ぎょう》」とは愛楽《あいぎょう》とか楽欲《ぎょうよく》とかいう意味であって、願う意味であります。それゆえ、本願の文を自力の心で読むときは、真実心をおこして、疑いなく願うて、かの国に生れたいと欲《おも》う心を起して、そして一声乃至十声の称名をすれば、生れさせようというようにも見えるのです。けれども、わが聖人は、決してそういう意味ではないと、申されているのであります。他力大悲の本願は、左様な条件をつけられる救済ではなく、もしさような条件をつけられるならば、半自力半他力の救済であるばかりでなく、その半自力という条件さえ、我々凡夫《ぼんぶ》には到底不可能なことであるから結局は、たすからないこととなるのです。

## 4

至心《ししん》と信楽《しんぎょう》と欲生《よくしょう》の文字の、真の意味をしらべて、聖人は、至心とは真実心ということであり、信楽も真実心ということであるから、至心とは凡夫が真実心になることではなく、それは如来の御心である。如来こそ真実心であって、真実心は、凡夫には発すことはできぬものなることを、明らかにして下さったのであります。如来の真実心が、わたしどもに信楽の心を発させて下さるのであって、信楽する心は、やがて欲生我国の心となるのであるから、欲生心も如来よりきたる心である。してみれば至心は信となり楽は欲生心となるのであるから、至心信楽欲生の三心は、信楽の二字の意《こころ》に摂《おさ》まるのであります。それゆえ、聖人は、他力信心のことを信楽と申しておられるのです。楽欲する心は、信を源として出てくるのであるから、信楽という二字も、結局は信の一字に帰することとなるのであります。ゆえに第十八願の本意は、信じて称えしめんと誓われたのであります。それで信心の願と申すのです。すなわち、ただとなえるのではなく、信ぜさせねばおかぬ、との御誓いであります。しかもその信は、凡夫が自分から発しうる心ではなくて、如来の願力によって発る信なるがゆえに、信心は他力廻向の信であり、如来廻向のものであります。称名の行も、如来の誓いによって我等に与えられたものであり信心も如来より与えられる信である。それゆえ、行も信も他力廻向のものであるから、助かるということは、全く他力であるということを示されたのであります。

## 5

十方衆生救済を目的とせられた如来の本願は、名号を誓い、衆生が名号を称えることによって、助からせたいのであります。それゆえ、吾々衆生が浄土に往生して大涅槃に至るに、正しく定めて下さる業力と業因は、ただただ如来にあり、名号にあるのであります。そしてその名号が衆生往生の行となって、称名せられるに至るには、すなわち、名号が衆生往生の正定業となるためには、一声となえても助けて下さるという、絶対他力なる大慈悲の如来をたのむ心を発《おこ》させて、大悲の御心を信受する心を発させねば、衆生は助からないのであります。名号が衆生の称念となって、名号が正定業の力をあらわすには、第十八願の至心信楽の願力によって、衆生に信心が廻向し与えられねばならぬのでありま す。それゆえ信を与えねばおかぬと誓われた本願こそは、正しく名号が正定業となる原因であると申されたのであります。しかれば吾々衆生のたすかる原因は、全く衆生自身の上にはなくして、第十七願の選択称名の願と、第十八願の信心廻向の願力によって、名号が正定業となって、衆生に称名せられ、ここにわれわれ衆生が助かることとなるのですから、我々の助かるということは、全く他力であり、如来の大悲廻向の御力であることを示されたのであります。

## 6

よくよく考えると、我々人間の真に助かるということは、なかなかの難事であって、とうてい自力では助からないのであります。今日今日の生活や、一時的の苦悩は、自分の努力によって助かることがあっても、真に助かるという大涅槃に達する能力をもたないのであります。それゆえ大悲の如来は、十二の光明を放ってわたしどもを照らし護り育てて、真に助かる道に出したいと念願せられたのであります。そしてその大涅槃に至る正定の業となるものは、如来の本願であり、本願に誓われたる名号が、わたしどもの助かる原因となって下さるのであります。その名号が衆生往生の行となるためには、信心を与え発させようと誓われたのですから、わたしどもが一念、弥陀に帰命する心が発ったならば、それは如来より廻向せられたものであり、如来よりたまわった信心であることを知らねばなりません。それゆえ信受して称名するようになったのは、正しく往生の行を廻向せられたのであって、そのもとをさぐれば、本願の御力であります。わたしどもが助かるについての因も縁も、それは共に如来本願の所為であって、全く他力の御方便によるのであります。

7

因も縁も他力であるばかりでなく、その果もまた他力廻向なることを示されて、わたしどもの助かる因も縁も果もすべてが、全く他力なることを明らかにして下さったのが、「等覚《とうがく》を成り大涅槃《だいねはん》を証することは、必至滅度《ひっしめつど》の願成就《がんじょうじゅ》すればなり。」とある御語であります。

# 8

真実の幸福というものは、大涅槃の境地に至ることでありますから、如来の衆生救済の目的は、衆生を大涅槃にいたらせて下さることであり、救済されるということも、それは大涅槃を証《さと》るに至ることであります。

わたしどもは常に、苦しいとか悩ましいとかいっていますが、さればといって、本当にどうなれば苦悩がなくなるのであるか、真の幸福、真の安楽とはどうなることかというならば、実は明瞭《めいりょう》に知らないのです。今までの苦しさが去ったら、それを安楽だと思っているのですけれども、それは苦が、一時無くなったのであって、真の安楽というものではありません。また現在の境遇以上のものを得れば、それを真の安楽と思い、真の幸福と考えていますけれども、それはやがて安楽の意味を失い、不幸が生じ苦悩を感じてくるのでありまして、あたかも旅人が荷物を右の肩から左の肩へ代えたようなものであり、変化の次に変化を求めているに過ぎないようなことばかりして、それを繰りかえしているのであります。

それに反して、大涅槃ということは、真の幸福とはかくの如きものなり、ということを知らせられたのであります。一切苦悩の原因である煩悩の消滅した天地こそ、真の安楽であって、それは自己の苦悩が消ゆるという消極的安楽にとどまらずして、積極的に他の者を救うべき能力者となって、利他の愛心から他に働きかけてゆくことを真の幸福とする、積極的幸福の境地にいたることであります。

9　それゆえ、わたしどもの至上念願《しじようねんがん》は、大涅槃を証《さと》ることであらねばならぬのでありまして、大涅槃に達するか達しないかということによって、現在の境遇に幸と不幸とが、明らかに分れるのであります。普通に吾人が幸福といって望んでいることも、不幸なりとしていることも、それは共に、何の意味もなさぬこととなるのであります。それゆえ、わが聖人は「よろずのこと、みなもて、そらごと、たわごとまことあることなきに、ただ念仏のみぞ、まことにておわします」と喜ばれたのであります。大涅槃ということを目的とせず、念仏ということを、ぬきにした一切の生活事象は、皆もって、そらごとたわごとであります。

10　人生においての真の幸福不幸福ということが定まるのは、大涅槃にいたる道に出たか否かによって決定するのであります。

「等覚を成り」ということは、願力によって信心の行者をして、必ず仏位にのぼるに定まった等覚《とうがく》の位と等しくさせるということであります。等覚と成れば必ず仏となり、大涅槃の証智《しょうち》をひらくべきでありますから、「等覚と成る」ということは、この人生にありながら、真の幸福、真の大安楽となる道に踏み入ったことであります。それが信心の人の幸福生活であり、念仏行者のうるところの信の利益であって、これを念仏の利益と申すのであり、それが念仏衆生摂取不捨《ねんぶつしゆじようせつしゆふしや》ということであり、救われたるものの状態であります。

## 11

信は迷悟《めいご》の分岐点であります。闇の生活より光の生活への更生であります。「等覚」という語と、「大涅槃」という語とは、『大無量寿経』の異本であるところの、『如来会《によらいえ》』によって用いられた語でありますが、『大無量寿経』の第十一願の文面では、「定聚《じようじゆ》に住し必ず滅度にいたらずんば」と誓われているのであります。滅度とは涅槃ということであります。定聚とは正定聚《しようじようじゆ》のことであって、すなわち等正覚のことであります。それで本願を信じ念仏を申せば、この世から正定聚《しようじようじゆ》の位に入るのであって、それはつまり、等正覚のことであると知らせるためであります。それが補処《ふしよ》の弥勒菩薩と同じ地位であると喜ばれた所以《ゆえん》であります。滅度といえば解り難いものもあるであろうから、涅槃という語を出し、しかも大涅槃と『如来会』にありますから、同じ涅槃といっても小涅槃のことではないということを示されたのであります。

## 12

聖人は、自力で人間が大涅槃をさとり仏果にいたることは、できないものであるということを、明らかにせられたと同時に、人間としては、大涅槃の証果《しようか》にいたるべきに定まれば十分であり、正定聚に定まればそれでよいのであることを、明らかに示されたのであります。それは生活方向の転換であって人生生活の意義は、そこに存するのであるという御考えであります。

信は正定聚の位に定めたもうのであり、等覚を成り、不退転とならせるのであって、それはまた如来の願力として必然的に、大涅槃を証《さと》るに至らせて下さるのであることを、現在ただ今より喜びとするのであります。人間には、将来の方向が、幸福だろうか不幸福だろうかが、明らかでないものですから、そこに杞憂《きゆう》が起ったり、不安が生じたり、いかなる場合にも備えんがためには、種々の苦悩が激増してくるのであります。しかしながら、必ず大涅槃に至るということが確信確定するならば、念々にそれは光の生活となるのでありあます。だから正定聚の位に入れられ、等覚の位とならせられた信の自覚と、信の喜びこそは、大涅槃にいたることの確信と喜びであります。

## 13

必至滅度《ひっしめつど》の願とは第十一願のことであって、また証大涅槃の願と申されます。第十一の本願とは、「設《たと》い我れ仏を得たらむに、国中の人天《にんでん》、定聚《じょうじゅ》に住し、必ず滅度《めつど》に至《いた》らずんば、正覚《しょうがく》を取らじ」とありまして、同本異訳の『如来会』では、「等正覚《とうしょうがく》を成り、大涅槃《だいねはん》を証せずば、菩提《ぼだい》を取らじ」とあるのであります。すなわち、我れ仏となって、十方衆生に信を発《おこ》させて、正定聚の位に入らせ、等正覚を成らせねばおかぬという御誓いであります。正定聚《しょうじょうじゅ》すなわち等正覚《とうしょうがく》をならせるということは、必然として、滅度すなわち大涅槃を、証るにいたらせねばおかぬという誓願であります。正定聚とならせ等正覚とならせようということは、その目的としては、滅度すなわち大涅槃の証果をうるに至らせたいのでありますが、滅度すなわち大涅槃の証果にいたらせるためには、正定聚となり等正覚にいたらせねばならぬのであります。それゆえわたしどもからいえば、正定聚にさえしていただけば、それで十分なのであります。正定聚といい等正覚ということは因であり、滅度といい大涅槃といえば果であります。正しき因をうれば果は必然のことであります。ゆえに、いよいよ信心が肝要となるのであって、信心を因とすれば正定聚は果であるといえます。その果としての正定聚は果の中の因でありて、大涅槃はその果と申すべきであります。必至滅度《ひっしめつど》とある「必」という字は、いまだ到らざる原因であって、原因の信は正定聚となって、そこには必然自然に、きっと滅度にいたらせて下さることが決定《けつじょう》しておるのであります。

## 14

「成就すればなり」とある御語によって、以上全体が、全く他力であり、誓願力であることを知らせて下さるのであります。

人間苦としての四苦八苦を抱いて苦悩せる衆生が真に助かり、真幸福にいたるということは、滅度に至ることであり、大涅槃の証果をうることでありますが、その目的を達せさせて助けんとして下さる如来の大慈悲は、第十一の本願において、滅度すなわち大涅槃にいたらせるために、正定聚すなわち等正覚とならせたいのであって、また正定聚に入り等正覚とならせるためには、第十八願の誓いによって信心を発させようとして下さり、信心を発させて下さるから、第十七願の我名を称えさせせんとの誓願の名号がとなえられて、衆生往生の行となるのであります。しかれば、衆生往生の行としての南無阿弥陀仏を、真にとなえるにいたるその源は、第十七の本願に、「称えしめたい」とある誓願の力によるのであり、その名号が衆生往生の行となって、真に称えられるようになるのは、他力の救済の本願が信ぜられてこそ、念仏するようになるのであります。本願が信ぜられ、念仏するにいたってこそ、正定聚となり、必ず滅度にいたらせられるのでありまして、それはまた、第十一の誓願力のゆえであります。してみれば、申すまでもなく、正定聚となり大涅槃に至るのは、第十一願の力であり、その原因となる信心も第十八願の力であります。信心は念仏させるためであって、念仏するに至るのは第十七願の力であります。念仏させ、すなわち名号を称えさせて、称えることによってすくおうと誓われたということは、助かる原因が衆生の方には少しもあるのではないということであります。すなわち、信ずるも他力であり、称えるも他力であり、正定聚となり涅槃に至るも他力であって、因も果も全く他力であることが知れるのであります。しかれば信心も念仏も、十二光明の縁によって与えられたのであるから、縁も因も果も、すべてが他力なるぞということを知らされたのであります。

## 15

聖人が真実教行信証と申されましたとおり、教も真実、行も真実、信も真実、証も真実であります。真実とは如来の御心であって、凡夫衆生の心ではありません。真実教とは、もとより『大無量寿経』のことですが、その教は何を説くかといえば、かくかくのことをすれば助かるという自力の方法を教えられたものではなく、如来が、他力によって助けようとして下さる本願の教を説かれたのでありますから、真実教と申されたのであります。経中に説かれた教についてはいろいろありますが、その大旨がこれから以後に示されております。けれども、一番大切なことは、この「本願名号正定業、至心信楽願為因、成等覚証大涅槃、必至滅度願成就」と申す御意《おこころ》であります。「本願名号正定業」とは、第十七願の真実行をあらわし、「至心信楽願為因」とは第十八願の真実信を示し、「成等覚証大涅槃、必至滅度願成就」とは第十一願の真実証を示されたのであります。「願成就」

という語は第十一願ばかりではなく、第十八願のことにも通じ、第十七願にも通ずることは申すまでもありません。

# 第七章　釈尊出世の本懐

如《にょ》来《らい》所《しょ》以《い》興《こう》出《しゅつ》世《せ》
唯《ゆい》説《せつ》弥《み》陀《だ》本《ほん》願《がん》海《かい》
五濁《じょく》悪《あく》時《じ》群《ぐん》生《じょう》海《かい》
応《おう》信《しん》如《にょ》来《らい》如《にょ》実《じつ》言《ごん》

如来、世に興出したもう所以《ゆえん》は
唯、弥陀の本願海を説かんとなり
五濁悪時の群生海
応《まさ》に如来如実の言《みこと》を信ずべし

**語の略解**

(1)　**如来**とは、釈迦如来のことである。

(2)　**本願海**とは、弥陀の本願を大海にたとえられたのである。本願とは四十八の本願であるけれども、正しくは第十八の本願のことである。

(3)　**五濁**とは、劫濁《こうじょく》、見濁《けんじょく》、煩悩濁《ぼんのうじょく》、衆生濁《しゅじょうじょく》、命濁《みょうじょく》のことである。**劫濁**とは、時代が濁っていること。**見濁**とは、思想が濁っておること。**煩悩濁**とは、煩悩がますます熾んとなっておること。**衆生濁**とは、人間が濁って、ますます悪くなっておること。**命濁**とは、時代と人間とが悪くなって濁っておるから、その生活も濁っており、したがって生命も濁って、定命天寿を全うせず、短命となってゆくことである。命とは生活と生命との意味である。

(4) **群生海**とは、一切衆生の生存しておるありさまを、海にたとえられたのであって、十方衆生のことであり、すなわち我々のことである。

(5) **如来如実言**とは、如来とは釈尊のことであり、如実とは真如一実ということであって、真実ということである。言《みこと》とは言説すなわち御《み》ことばであって、御教のことである。

## 1

『大無量寿経』の内容は、いろいろありますけれども、その所詮とするところは、弥陀如来の四十八願を説かれたのであって、四十八の本願の主要は、前にのべられたように、第十七願と第十八願と第十一願とでありまして、十方衆生と呼びかけて、我々を助けようとせられる本願は、第十八願が中心となっておるのであります。第十七願は、衆生往生の真実の行を示し、第十八願は、衆生往生のための真実信を示し、第十一の本願は、真実の証果を示されたのでありますが、今はその真実の行と信と証とを説きあらわされたる教の、真実なることを示されたのであります。聖人が、真実教行信証文類《しんじつきょうぎょうしんしょうもんるい》と申された如く、真実教であることを知らせようとしておられるのであります。

## 2

「それ、真実の教を顕《あら》わさば、すなわち大無量寿経これなり」と、『教行信証文類』の最初に申されているとおり、『大無量寿経』は真実の教であって、これは釈尊出世の本懐の教であります。教がもし真実教でなく、方便教であったならば、いかに教の如く行じても、また信じても、真実の証果は得られないのでありますから、真実にたすかるということはないこととなるのであります。しかるに、「本願名号正定業《ほんがんみょうごうしょうじょうごう》、至心信楽願《ししんしんぎょうがん》為因《いいん》」と前に示されたのは、それが真実教である『大無量寿経』の真意であるから、本願を信じて念仏すれば必ずたすかるのであります。

「如来所以興出世」と申されたのは、『大無量寿経』の中に、釈尊が出世の本懐たることを自らのべられた御言を、そのまま引用して、真実の教たることを知らせようとしておられるのであります。

『大無量寿経』には

如来《にょらい》、以無蓋大悲《いむがいだいひ》、矜哀《こうあい》三界《がい》、所以出興於世《しょいしゅっこうおせ》、光闡道教《こうせんどうきょう》、欲拯群萌《よくじょうぐんもう》、恵以真実之利《えいしんじつしり》。

とありまして、「如来は無蓋の大悲を以《もっ》て三界を矜哀《こうあい》したもう。世に出興する所以《ゆえん》は、道教を光闡《こうせん》して群萌をすくい、恵むに真実の利を以《もっ》てせんと欲してなり、」と読むのであります。

如来、すなわち釈尊が、この世に御出ましになったのは、もっぱらただ、弥陀の本願を説かんがためであったということであります。

ゑ

「唯説弥陀本願海《ゆいせつみだほんがんかい》」と読みあぐる時、わたしはひたすらに、尊くありがたく思うのであります。この世に教と呼ばれるものはたくさんありますが、真実の教に接することができなかったら、いかに助かりたい、しあわせになりたいと思っても、またいかに苦悩をのがれて安楽になりたいと願っても、到底望みを達することはできないのであります。それが全く方角違いの教でないとしても、仏教中においても、それが真実の教でなく方便の教であったならば、これまたいつまでも助からないこととなってしまうのでありま す。凡夫《ぼんぶ》であるところの吾人《ごじん》は、我執の強いものですから、方便の教であっても、それを真実である如く思い込んで、思い込んだとなると、なかなかそこから離れられないものであります。それもそのはずです、真実のものを知らない間は、方便が方便であるということが、容易に解らないからであります。

釈尊がご在世中に御説きになった経典は、数多く残っていますが、その中に於いて、仏がこの世に出られた一代の所詮として、真に説きたかった御本意はどこにあったかというと、それは『大無量寿経』に御自ら申されておるとおりであって、「唯《ただ》弥陀の本願を説かんがため」にほかならなかったのであります。

# 4

「唯《ただ》」という一字こそ、うかと読み過ぎてはならない一字であります。唯とは他をえらぶことばであって、この他にはないと、正しく決定された断言の一字であります。どの宗旨でも、この経こそこの教こそは真実の教であると思っております。釈尊出世の本懐《ほんがい》は、この経を説かんがためであったといっておるのであります。それにもそれ相当の理由があり、道理もつくことでありましょうが、聖人は本懐争いや、真実争いをして申されるような、そんな小さいことではありません。自分自身に道を求めて真実に助かりたい願いで一ぱいであったご自身が、正しくたすかった体験から実証して、この真実の教を、一切衆生たる同朋にお知らせになりたいのであります。他の教によって助かると思っている者もあろうが、決して弥陀の本願以外には、どこにも助かる道があるものではなく、他力本願の一道があるのみであるということを、ひとえにお知らせになりたいのであります。

釈尊の御説きになった教には、自力教と他力教とがありまして、華厳《けごん》、法華《ほっけ》、真言《しんごん》、禅《ぜん》、三論《ろん》、法相《ほっそう》、成実《じょうじつ》、倶舎宗《くしゃしゅう》と、いろいろたくさんの宗旨に分れておりますが、それらの大乗教も小乗教も、それは皆聖道門の教というものであって自力教であります。自力の教によっては、凡夫の助かるということはできないのであって、それらは権《かり》の教、方便の教であって、方便教には、真実に導こうとせられている尊さはあっても、それによっては助か

らないのであります。『大経和讃』の最後に

聖道権仮《しょうどうごんけ》の方便に　衆生ひさしくとどまりて

諸有に流転《るてん》の身とぞなる　悲願の一乗帰命せよ

と申されているのはその意《こころ》であります。

5 釈尊出世の本懐《ほんがい》は、人生全体、十方衆生を救いたい大慈悲の御念願であります。十方衆生を救済して下さる教こそ真実教であります。他力教である弥陀の本願は、十方衆生救済の本願であって、それをお説きになることこそ、釈尊の御本意でなければならぬのであります。それゆえ『大無量寿経』を、真実の教と申されたのであります。他の経典にいろいろの教を説かれたのは、畢竟《ひっきょう》は、他力本願を信ずるに至らせて、助からせたいためであったのであります。

6 「本願海《ほんがんかい》」とは、弥陀の本願を海にたとえられたのであります。第十八の本願には、「十方衆生」とあります。十方衆生とは一切の衆生ということであって、衆生とは生きとし生けるものみな、ということではありますけれども、正しくは人類全体のことであります。

大海は、無量百千の一切衆流が帰入するところであって、いかなる河もついには大海に

帰入するのであります。そして大海は一切の衆水《しゅすい》を悉《ことごと》く、何のへだてもなく受け入れるのであります。世界中を取巻いている大海に注ぐ河の数は幾程あるか知れません。その河の水には清水もあり濁水もあり、その質も千万無量でありましょうが、それらが海に帰入すれば皆同様に一味の海水となって、海の徳と一つになってしまうのであります。

弥陀の本願は、ちょうどそれと同じ様であります。十方衆生とある如く、人間に千万無量の差別はあっても、他力本願に帰入すれば、皆同様に一味となって、ことごとく本願と同一の徳と化してしまうのであります。以前はどんなに濁っておっても、弥陀如来と同一の証果にせなければおかぬという本願でありますから、本願を海にたとえて「本願海」と申されたのであります。

## 7

「五濁悪時《じょくあくじ》の群生海《ぐんじょうかい》」とは、五濁なる悪時ということであって、五濁であるから悪時といわねばならぬのであり、悪時なるがゆえに五濁なのであります。それゆえ悪時の群生海ということであって、悪時の群生海とは、今の世に生れたる我々ということであります。

五濁とは、劫濁《こうじょく》、見濁《けんじょく》、煩悩濁《ぼんのうじょく》、衆生濁《しゅじょうじょく》、命濁《みょうじょく》のことであって、これは今の世が悪世である説明であります。

劫濁とは時代の濁りであって、末代という如く、根底となっている時代そのものの清からざることであって、清からざるがゆえに、苦悩にみちている世となっているのであります。

見濁とは、人間の智慧の清からざることですから、思想すなわち考えの濁っていることであります。人ごとに、己れの考えこそは正しいと思っていますけれども、それは思っているだけのことであって、濁っておることを知らないのです。清からず濁っているがゆえに、真に人々を助くることがなく、自分も助からないのであって、共に苦しみ悩んでいるのであります。種々の思想や考えが強く主張せらるればせられる程、一層泥水を掻きまわすように、ますます濁って、ますます自他共に悩むようになるのであります。それは要するに、正しき思想と助かる道を知らないからであります。弥陀の本願海に帰入することなしには、清くなることは永久にないのであります。

煩悩濁とは、心の濁りであります。思想が濁って、正見というべき思想をもたない根本は、中心に誤れる心を有しているからであります。苦悩は思想が生むのであって、あらゆる思想は中心における煩悩が生むのであります。苦の原因をなす誤れる心を煩悩というのですが、それを広くは八万四千とも数えますが、これを要約すれば、貪欲《とんよく》、瞋恚《しんい》、愚痴《ぐち》の三大煩悩となるのであり、心はこの煩悩の濁りに充ちているのであります。あらゆる考えすなわち思想は、総て自己の貪欲心から出発しているのであり、或いは瞋恚から出発しているのです。不安、不平、不満、不足、怨恨《うらみ》、闘争《あらそい》の心から出発している思想が、自他を救うということは有り得ないことであります。瞋とは姿にあらわれる怒りの心であり、恚とは鬱々《うつうつ》として心中にひそむ怒りの心であります。貪欲心が激しくなればなる程、瞋恚心が熾《さか》んになるのですが、その源をたずねると、真実の智慧をもたないからでありまして頑《がん》冥《めい》なる愚痴心のためであります。このような煩悩心の濁りの清まらざるかぎり、苦悩が除かれて安楽になることはないのであります。

衆生濁とは、人間の清からず濁っておるということです。人間の濁りということは、人格の濁りということであります。時代そのものの濁りの上に、思想の濁り、心の濁りを有している衆生は、もとより汚穢《わえ》不浄《ふじょう》というべきであって、吾も人も、ますます人格が下劣となりつつある悪人ということであります。

命濁とは、生活と生命の意味であります。劫濁、見濁、煩悩濁、衆生濁である人間の生活は、清き生活ができなくなり、ますます濁った生活となって、不正な生活状態となってゆきつつあるのです。これを邪命《じゃみょう》といいますが、濁りの激しくなる生活が、安楽になる道理はありません。混濁しきった生活をして、心身の無理ばかりせねばならぬようになれば、自然に病気も多く、生命も短縮して、中折れして早く死んだり、自殺したり、他殺せられたり、自然に、定命を終って円《まど》かに死んでゆくことができなくなるのであります。

## 8

ただ悪時といわれただけでは、十分解りにくいけれども、「悪時の群生海」と申されたことは、苦悩の衆生ということであって、悪時の衆生が、そのままではなんとしても安楽幸福になることはなく、きっと悩み苦しむのであります。単に悪時と申されずして、悪時の内容を五濁の世と申されました。つくづく考え直してみると、いかにも浄玻《じょうは》璃鏡《りきょう》の前に立たされて、自分というものと共に、社会相というものをも、まざまざと映され開展されたように思われます。聖人が「世下り人つたなくして、」と申された言葉が、想い出されます。

それゆえ、「五濁悪時の群生海」とは、このような世の、このような我等ということであります。このような世のこのような我等は、いかに自力で努力をしても、その心とその行き方では、助かる時のないことを示し、ただ一道の助かるべき道として、弥陀の本願、他力の大道を説かんがために、釈尊が世にあらわれられたのであるということであります。

# 9

「群生海」とは、我々十方衆生のことであり、あらゆる衆生ということであって、一人も残さぬ言い方であります。すべてみな五濁の衆生であります、悪時の衆生であります。苦悩の衆生であります。十方衆生を摂取せんと誓われたる本願は、海のようでありますが、十方衆生に対する本願が、海のように広大であれば、救われる衆生もまた、海の如く広大であります。

弥陀の本願を本願海と申され、悪時の衆生を群生海と申されて、両方共に海にたとえられたことは、何となく尊いことだと思います。それは海の如く広き一切群生ということのほかに、海と海と、同一の字をならべられたことはありがたいことであります。ちょっと考えると、衆生は海にたとえなくてもよかりそうでありますが、これによって煩悩も海の如く、苦悩も海の如く、限りなく深く、辺《ほと》りなく広いことが解ります。この濁れる海、悩める海である生死の苦界は、その辺際《ほとり》がないのですが、一たび本願他力を信知すれば、本願海と生死苦悩の群生海とは一つになって、同一の功徳大宝海となることを、暗示されたものであると思われます。本願海、群生海、群生海、本願海と、ひそかに本願を憶念しつつ念仏すれば、尽十方無碍光如来と申されるとおり、御光は、一切群生海の上に充ち満ちていらっしゃるのであって、一切群生海は、尽十方無碍光の本願海にほかならぬのであります。本願を信知しない間は、本願海は本願海であり、群生海は苦悩の群生海でありますが、一たび本願を信じて摂取の心光に眼を開けば、群生海は本願海となるのであります。それゆえ、弥陀の本願を真如一実の功徳大宝海《くどくだいほうかい》と申されるのであります。

10　かくの如き、真実の教である『大無量寿経』を説かれたのは、それが釈尊出世の唯一の本懐《ほんがい》であったのですから、その真実の御すすめである第十七願の御思召と、第十八願の御思召と、第十一願の御思召を知るならば、いよいよ第十八の本願の御思召に従って本願を信じて、真に助かる身となれよと、切に御勧になっているのが、「応《まさ》に如来如《にょらいにょ》実《じつ》の言《みこと》を信《しん》ずべし、」と申された意味であります。如実とは、まこと、真実ということでありますが、真実という意味を一層はっきり知らせるため、また深く知らせるために、真如一実というべきを略して、如実と申されたのであります。

11　「如来如実《にょらいにょじつ》の言《みこと》」とは、釈尊の真実の御言ということであって、釈尊の真実のみこととは、『大無量寿経』全体でありますけれども、それをつづむれば、弥陀の四十八願を説かれたことが、真実のみことであり、四十八願の所詮は第十八願でありますから、正しくは、その第十八願のこころを説明せられたる成就の文のことであります。釈尊が第十八願の意《こころ》にしたがって信を御すすめになっているのが、正しき釈尊の如実言と申すものであります。

第十八願の成就《じょうじゅ》の文というのは

諸有衆生《しょうしゅじょう》、聞其名号《もんごみょうごう》、信心歓喜乃至《しんじんかんぎないし》一念《ねん》、至心廻向《ししんえこう》、願生彼国《がんしょうひこく》、即得往生《そくとくおうじょう》、住不退転《じゅうふたいてん》、唯除五逆《ゆいじょごぎゃく》、誹謗正法《ひぼうしょうほう》

とあるのであります。これは「あらゆる衆生、その名号を聞きて、信心歓喜せんこと、乃至一念せん、至心に廻向せしめたまえり。彼《か》の国に生ぜんと願せばすなわち往生を得、不退転に住せん。唯《ただ》五逆と誹謗正法とをば除く」と読むのであります。

「諸有衆生《あらゆるしゅじょう》」とは十方衆生のことであります。「その名号を聞きて」とは、ただ耳に聞くだけではなく、名号によって十方衆生をすくわんとの如来の本願、すなわち、一声となえても称うるものをたすけんと誓われている、その本願の名号を聞いて、疑いなく信ぜられ、歓喜のあまりには、一念本願をたのみ申し上げる心が発《おこ》って、彼《か》の仏国に往生したいと願う心もおこるようになるのであって、そのところにおいて往生が決定して、不退転に住する身となるのであると、第十八願の願心が、衆生の上に到達した時のありさまを説いて、本願を信ずれば、このようになって助かるのであるからと、真実に助かる道を教えすすめておられるのであります。「至心に廻向せしめたまえり」とあるのはお聞かせになる

のも他力廻向であり、信心も他力であり、歓喜も他力であり、願生の心も他力の御廻向である、即得往生も他力であり、不退転に住せしめたまうも、他力廻向であることを、お知らせ下さったのであります。

本願成就とは、本願は因位において発願せられただけでなく、他力廻向の大悲心をもって、必ず衆生の上に到達しておられるのであって、到達していらっしゃる証拠《しょうこ》には、信心歓喜して一念の信が発起するに至れば、必ず現在その時より、即得往生の身となって、不退転位に住することができるのであると、本願の成就せられているありさまをのべておられるのが、「如来の如実言」と申すものであります。

# 第八章　煩悩を断ぜずして涅槃を得

能《のう》発《ほつ》一念《ねん》喜《き》愛《あい》心《しん》
不《ふ》断《だん》煩《ぼん》悩《のう》得《とく》涅《ね》槃《はん》
凡《ぼん》聖《しょう》逆《ぎゃく》謗《ほう》斉《さい》廻《え》入《にゅ》
如《にょ》衆《しゅう》水《すい》入《にゅ》海《かい》一味《み》

能《よ》く、一念、喜愛の心を発《ほっ》すれば
煩悩を断ぜずして涅槃を得るなり
凡聖《ぼんしょう》逆謗《ぎゃくほう》、斉《ひと》しく廻入すれば
衆水の海に入りて一味なるが如し

**語の略解**

(1)　**一念喜愛の心**とは、他力信心のことである。一念とは、一念の信のことであって、喜とは信心歓喜の歓喜のことであり、愛とは愛楽《あいぎょう》することである。それゆえ、喜愛とは歓喜愛楽のことであって、一念の信には必ず歓喜愛楽のこころがあるから、一念の信のことを委《くわ》しくいって一念喜愛の心と申されたのである。

(2)　**煩悩**とは、苦悩を生ずる因《もと》となる我々の心のことであって、その数は八万四千あると申されている。その数え方もあるが、あらゆる煩悩、一切の煩悩ということである。つづめて六大煩悩ともいうが、もっとつづめて、貪欲《とんよく》、瞋恚《しんい》、愚痴《ぐち》の三大煩悩と覚えておけばよろしい。一切の煩悩は、この三毒煩悩を根として起ってくるのである。

(3) **涅槃**とは、前に説明した事のあるとおり、煩悩の火が滅した心の状態である。苦悩の根元をなすものが煩悩であってみれば、真の安楽とは煩悩のなくなった心になって、はじめて得ることができるのである。それゆえ真の幸福、真の安楽とは、涅槃の心境に達して、はじめて得られるのであるから、仏教では真に安楽をうるためには、涅槃を得ることを目的とするのである。

(4) **凡聖逆謗**とは、凡夫《ぼんぶ》と聖者《しょうじゃ》、五逆《ぎゃく》と謗法《ほうぼう》の者との四類である。聖者とは煩悩を無くして一分涅槃の証《さとり》を得た人のことであるから、きよき人、ひじりというのである。凡夫には善凡夫と悪凡夫との別があって、修学によりて心をみがき身を修めて、善につとめ進みつつある人を善凡夫といい。悪凡夫とは、道の修学をせず、修行せず、身も心も修めずして、煩悩が熾《さか》んなばかり、すなわち煩悩具足《ぼんのうぐそく》の凡夫であって、我々の如きものである。

(5) **逆**とは、五逆《ぎゃく》のことである。これに大乗の五逆罪と、三乗の五逆罪とがあって、三乗の五逆とは三乗に通ずる五逆という意味であって、普通にいう五逆のことである。第一には、ことさらに思うて父を殺す。第二には、ことさらに思うて母を殺す。第三には、ことさらに思うて阿羅漢を殺す（阿羅漢《あらかん》とは仏道を修行してさとりを開ける人）。第四には、倒見して和合僧を破る罪（これは真実に道を求めつつある人の和合集団を妨げる罪である）。第五には、悪心をもって仏身より血を出すとあって、仏身より血を出すとは仏に反逆してこれを破滅せしめんとする罪である。その代表者としては、常に提婆達多をあげて例とするが、真に衆生の苦を救わんとせられる仏を害すること、これより罪の大なるものはないのである。以上このような五罪は、罪の中で最も重いから五逆罪というのである。逆とは恩田にそむき、福田にそむく事柄であるからである。恩恵をうけたるものには感謝報恩すべきことであって、そのことがすなわち自分のしあわせが生じてくる田地であるのに、その恵みの田地を培《つちか》うことに逆いたことをするから、自分はますます不幸となって、苦しまねばならなくなるのである。福田とは福徳すなわち幸福の生じてくる田地である。仏はもとよりのこと、声聞の如く一分でもさとりを開いた方や、さとりを開かんとして道を求めている集団の人々は、自分の道がひらけて、しあわせの生じてくる本となるのである。それゆえ尊敬する心があってこそ、自分も幸福になれるのであるが、それに反逆した行動や精神をもつことは、自分自身を益々苦に入らせてゆくことになるから、罪はいろいろあっても、これより重い罪はない。それは自分も不幸となり苦悩を招くこととなり、他の人、世の人のためにも不幸となり、苦悩を招くこととなるから、大罪として数えられておるのである。「この逆を執ずるものは、身やぶれ、命終えて、必定して無間地獄に堕して、一大劫のうち、無間の苦をうけん。無間業となづく。」とあるのである。

また、大乗の五逆とは『信の巻』には『薩遮尼乾子経《さつしやにけんじきよう》』を引いて

㈠には塔を破壊し、経蔵を焚焼し、および三宝の財物盗用するなり。㈡には三乗の法を誹《そし》りて、聖教にあらずといいて障破留難《しようはるなん》し、隠蔽覆蔵《おんぺいふくぞう》す。㈢には、一切出家の人、もしは戒、無戒、破戒のものを、打罵《だば》して呵責《かしやく》して、過《とが》を説き禁閉し、還俗せしめ、駈使債調《くしさいちよう》し、断命せしむ。㈣には、殺父、害母、出仏身血、破和合僧、殺阿羅漢なり。㈤には、謗りて因果なく長夜につねに十不善業を行ずるなり」とあるのである。

(6) **謗**とは、謗法罪《ほうぼうざい》のこと、法をそしる人のことです。第十八願の文の終りに、釈尊の抑止文《おくしもん》という「唯除五逆、誹謗正法」とあるその一つである。いかに尊い教を親しく示されても、それを我心に受け入れずして、却ってこれをそしるものは助かりようがない。それゆえ正法をそし

ることは大罪である。信ぜないだけならば、それまでであるが、その法をそしるに至っては、自分の助かる道をふさぐのみならず、他の多くの人の妨げともなるから、これほどの大罪はない。

(7) **斉廻入**とは、斉《さい》とはひとしくということであって、斉廻入とは、聖者でも、凡夫でも、五逆の罪人でも、謗法の罪人でも、皆同じく自力をすてて他力本願に廻入すれば、そこには凡聖の差別なく、五逆謗法の大罪人にもかかわらず、平等のすくいに入ることができるという意味である。

(8) **如衆水入海一味**とは、もとはいろいろ異っておった水であっても、海に入ればついに同一鹹《かん》味《み》の海水となって、そこには平等の益をうけて何の変りも隔てもなくなるが如く、信心によって、本願の大海に入れば、凡聖逆謗《ぼんしょうぎゃくほう》の差別なく、皆ひとしく同じしあわせものとなるのである。

## 1

これから以下は、信心の利益、すなわち信心の徳を『大無量寿経』によって挙げていられるのであって、第一には、一念の信心の徳を示し。第二には、信心には摂取の光益にあずかる徳のあることを示し、第三には、信心には横超の大利のあることを示し、第四には釈尊および諸仏に称讃せられる徳のあることを示されておるのであります。

## 2

今、「能発《のうほつ》一念喜愛心《ねんきあいしん》」とあるのは、一念の信心の徳として、一念の信心には信心歓喜と申される如く、歓喜の徳のあることを示されたのであります。歓喜のことを

「喜愛」と申されました。喜とは心によろこぶ事であって、もし一念の信心が発《おこ》れば、必ずそこには、衷心《ちゅうしん》からの喜びが伴うのであります。この一念の信に入れば、第十八願の誓益として、摂取不捨《せっしゅふしゃ》せられる身となった喜びと、必至滅度《ひっしめつど》といって、浄土に往生して涅槃仏果に至らせられる身と定まった喜びが生ずるのであって、したがって浄土往生を愛楽《あいぎょう》する心が起るのであります。愛楽とは信楽と同じ意味であって慕い願う心、すなわち欲生の心であります。それゆえ、一念の信心のことを「一念喜愛の心」と申されたのであります。

もし、「一念喜愛の心」が起こることができるならば、次には信徳として、「不断《ふだん》煩悩得涅槃《ぼんのうとくねはん》」という幸福を得るのであります。

## 3

「煩悩を断ぜずして涅槃を得」とは、他力本願の信徳として、他教他宗に類例のない特殊の特益に接するのであります。これを蓮如上人は、「当流一途の所談なるものなり」と喜ばれました。

本来、涅槃ということは、煩悩の滅した心の境地をいうのであります。三毒煩悩があるために、一切の心身の努力も、すべてが苦悩を生むようになってくるのですから、真の安楽ということは、煩悩の滅亡した時においてのみ顕現《けんげん》するのでありまして、真実幸福を求むる道としての仏の教は、涅槃を得るにいたることを目的とするのであります。そうして、その涅槃の覚証《かくしょう》を得るには、煩悩を根本から断滅せなければ涅槃は得られない道理であります。それがため小乗教と大乗教とを論ぜず、一切の宗派においては、煩悩を断ずる方法を説き、修行をして涅槃に達せんとするのであります。しかしながら吾々凡夫《ぼんぶ》は煩悩具足と申されるように、三毒煩悩の衆生であって、三毒煩悩の所有者であるということは、一切煩悩の具足《ぐそく》者ということである、具足といわれるとおり八万四千の煩悩は、どれ一つ具《ぐ》有《ゆう》しない煩悩はないというほど、完全に具有しているのであります。欠け目なく具有しておりまして、これを断滅することは不可能なのであります。これを煩悩具足の凡夫といい、十悪五逆の罪人というのであります。このような我々ではありますが、他力本願を聞いて一念の信心を発せば、煩悩を断ずることの不可能であるままに、涅槃を得させていただくのであります。たすけられるということは、涅槃にいたらせられることであって、目前の少苦をなくして貰えるというような、部分的の救いはなお完全なすくいではありません。煩悩具足の凡夫がたすけられるということは、煩悩が断ぜられないままで涅槃を得させていただけるという事であります。それが一念の信心の徳であって。それは如来大悲の本願力によるがゆえであります。

もとより、現生において涅槃を開きうることではなく、摂取不捨《せっしゅふしゃ》の御利益にあずかりて一生をおわって、浄土に往生した上において、涅槃を得させていただくことであります。それは前に第十一の本願の御話の時にも申した如く、今生においては正定聚《しょうじょうじゅ》の位、不退《ふたい》転《てん》の位に定めさせて、未来において必ず滅度に至らせられることに、現在から定まったことであります。それゆえ蓮如上人は「不断煩悩得涅槃というは、不思議の願力なるがゆえに、わが身には煩悩を断ぜざれども、仏のかたよりは、ついに涅槃にいたるべき分に、さだめましますものなり。」と申されているのであります。我は煩悩を断ずることができない凡夫でありながら、必ず涅槃をうるものにしていただいたということは、本願大悲の御力であって、これこそ喜びの中の喜びと申さねばなりません。超世の本願といい、無上殊勝の願と申されるのはこのことであります。

一念の信は、摂取不捨の身となり、正定聚となり、不退転となり、等正覚《とうしょうがく》となると申されましても、それは「不断煩悩得涅槃」という最後の目的に対する確定的の得益の喜びであります。

4

次には、五乗斉入《じょうさいにゅう》の徳を示されるのであって、本願一乗海の徳であります。本願の大智海《だいちかい》は、諸有衆生、十方衆生という本願でありますから、下は凡夫より、天人《てんにん》、声聞《しょうもん》、縁覚《えんがく》、菩薩《ぼさつ》にいたるまで、五乗の機は、高下の差別なく、ひとしく入ることができるのであります。それは一念の信の功徳であります。弥勒菩薩であっても、自力の心と自力の行によっては、浄土に往生することはできないのですけれども、たとい凡夫であっても、もし一たび他力信心を発せば、本願の誓益として、摂取不捨の身となし、正定聚《しょうじょうじゅ》にさだめられて、臨終一念の夕には、とく浄土に往生して涅槃の証果を得させられるのでありまして、衆水が海に入れば、同一鹹味《かんみ》の海水と化するようなものであります。それが声聞であっても縁覚の聖者であっても同様であります。また、煩悩具足《ぼんのうぐそく》の凡夫であっても十悪五逆の罪人であっても、誹謗正法《ひぼうしょうぼう》の罪人であっても皆同様であります。それが本願一乗海といわれる所以《ゆえん》です。涅槃に達する乗りものは大悲の誓願、ただ一つであって、皆が同様に乗じてたすかるのであります。たとい、それが、声聞でも、縁覚でも菩薩でも、自力の心行では浄土に往生することはできず、したがって涅槃に達することもできないのですが、一念の信心が発って、自力をすてて他力に帰するならば、信の利益として、正定聚必至滅度の誓願として、往生の証果を得させられるのであります。またたとい煩悩具足の凡夫であり、十悪五逆謗法の罪人であっても同様に、自力をすてて一念の信心を発すならば、以前は、聖者と凡夫、善人と悪人の差別はあっても、本願の大信海に帰入すれば、そこにはなんらの差別がなく、平等大悲の徳として、今生から、摂取と正定と不退との功徳を得て、未来には必ず涅槃の証果にいたるものとなるのです。ちょうど衆水が、海に入る以前は、おのおの異った水であっても、大海に帰する上は同一味となるようなものであります。もとよりそれは凡夫、聖者、逆謗《ぎゃくほう》の、機の力ではなく、信じたからという衆生の力でもなく、ひとえに他力信心の徳であって、そのもとは本願大悲の海の徳であることは申すまでもありません。

5 このように、一念の信心には、歓喜愛楽《かんぎあいぎょう》の徳《とく》と、不断煩悩得涅槃《ふだんぼんのうとくねはん》の徳《とく》と、五乗斉入《ごじょうさいにゅう》の徳《とく》とがあることを示して、本願他力の徳を知らせ、信心の尊さを知らされたのであります。

# 第九章　摂取の心光は常に照護したもう

摂《せっ》取《しゅ》心《しん》光《こう》常《じょう》照《しょう》護《ご》
已《い》能《のう》雖《すい》破《は》無《む》明《みょう》闇《あん》
貪《とん》愛《あい》瞋《しん》憎《ぞう》之《し》雲《うん》霧《む》
常《じょう》覆《ふ》真《しん》実《じつ》信《しん》心《じん》天《てん》
譬《ひ》如《にょ》日《にっ》光《こう》覆《ふ》雲《うん》霧《む》
雲《うん》霧《む》之《し》下《げ》明《みょう》無《む》闇《あん》

摂取の心光は常に照護したもう
已《すで》に能《よ》く無明の闇を破すといえども
貪愛瞋憎《とんあいしんぞう》の雲霧は、
常に真実信心の天に覆《おお》えり
譬《たと》えば、日光の雲霧に覆《おお》わるれども
雲霧の下、明らかにして闇なきが如し

## 語の略解

(1) **摂取**とは、摂はおさめたもうことであり、取とはむかえとるという意《こころ》である。『観経』に光明遍照十方世界、念仏衆生摂取不捨、とある摂取不捨の意である。阿弥陀如来の光明は遍《あまね》く十方の世界を照らして、念仏の衆生を摂取して捨てたまわずというお意であって、これを『和讃』には、「十方微塵世界の念仏の衆生をみそなわし、摂取してすてざれば阿弥陀となづけたてまつる」と申されている。

(2) **心光**とは、如来の御心の光ということである。心光と申されたのは、色光でないことを知らされたのである、色光とは物質の光のことである。仏の光明などと聞くと多くは、蠟燭《ろうそく》や太陽の光のように思うのであるが、それは誤りである。光明というのは喩《たと》えであり、如来の智慧の御はたらきを光明にたとえられたのであって、如来の御心のことである。一念帰命の信心を発したものは、如来の御心に摂め取りて、常に照らしつつ、護りたまうのである。夜が明ければ太陽の光が十方世界を照らすように、如来の御心は、わたしどもを光の中に摂めとりて、照らし護って下さるゆえに摂取の心光と申すのである。

(3) **無明の闇**とは、無明とは煩悩の根本であって、わたしども凡夫の心である。凡夫の心には智慧の明るさがない、すなわち真実の智慧がないのである。それゆえ無明とは愚痴ということである。これに反して、如来の御心は真実の智慧であるから、明るさがある。ゆえに、如来は光明なり、というのであって、御心に智慧の明るさがあるから苦がないのであり、苦悩となるようなことはなされないから、真の安楽があるのである。また衆生に対しても、慈悲の光明を放って、衆生を照らし育てて、衆生をたすける方法をよく知っておられ、他を救うについても、真の智慧をもって適当なる方法を講じてゆかれるのであるから、悩みとなることがないのである。故に、如来は智慧なり、とも申すのであって、光明をもって照らして、よく智慧のはたらきを衆生の上におよぼされるのである。

凡夫の心は、無明の心であるから、することなす事が、すべて自分を苦しめ悩ますばかりである。他を愛し他を助けようとしても、この心から出たいろいろの心や行為であるから、人を助けようとするその事がなかなか成就せずして、却って自他を苦しめるようなこととなるのである。それゆえ、自分の住んでいる世界は常に闇いのである。明るさには苦悩がない上に安楽がある。けれども、闇には苦悩のみあって、永久に不安が去らないものであり、希望のないものであり、歓喜のないものであって、真の安楽はくることがないのである。光のない夜のようなものであるから、衆生の苦悩がたすかるためには、闇が光とならねばならぬのである。

(4) **貪愛**《とんあい》とは、貪欲煩悩《とんよくぼんのう》のことである。貪欲の心は必ず、人と物とに対する愛欲となるから、貪愛というのである。

(5) **瞋憎**《しんぞう》とは、瞋恚《しんい》の煩悩心である。瞋とは眼《まなこ》に角を立て、口を歪めるような容貌《かたち》にあらわれた、いかりの相《すがた》であり、恚とは、心にいかることであるが、この瞋恚の心は、人にやさしく人をいたわることとの反対で、人を憎み怨《うら》む心となるゆえに、瞋恚のことを瞋憎の心と申されたのである。

前にある無明とは、三毒煩悩の中では愚痴のことであり、貪愛とは貪欲のことであり、瞋憎とは瞋恚の心であって、貪欲と瞋恚の根本となるものは、愚痴無明の凡夫《ぼんぶ》心である。愚痴の無明心が貪欲となってあらわれ、瞋恚となってあらわれてゆくのであるから、それらの心によって現出せられている世界は、闇の世界であり、苦の世界となっているのである。

## 1

「摂取《せっしゅ》の心光は常に照護《しょうご》したもう」とは、信心の第二の徳であって、聖人の信の喜びの全体であります。一心に如来に帰命した信の利益は、如来の光明に摂取《せっしゅ》せられ、如来の光明は現身の上に照らし護って下さるのであります。「常照護《じょうしょうご》」とありますとおり、現在一生の間、常に照護して下さるのみならず、摂取の心光はついに無上涅槃の仏果にのぼらせて下さるのであります。このような御光に摂取せられ、照護せられる身となったことは、無上の喜びであります。

光明遍照十方世界と申された如来の光明は、過去十劫《こう》の昔より、無量光《むりょうこう》と無辺光《むへんこう》と、無《む》碍光《げこう》と無対光《むたいこう》と、炎王光《えんおうこう》と清浄光《しょうじょうこう》と、歓喜光《かんぎこう》と智慧光《ちえこう》と不断光《ふだんこう》と難思光《なんしこう》と、無称光《むしょうこう》と超《ちょう》日月光《にちがっこう》との、十二の光明を放って、十方世界の衆生を照らしておられるのであります。それゆえ一切の群生は、光照を被らないものは一人もないのであります。

その光明に照らし育てられて、ついに一念帰命の心を発すようになるのであって、一念帰命の心を発せば、その信の利益として遍照の光明は正《まさ》しく私を摂取して、如来の十二光の功徳利益は、わたし自身の上に到り届いて、摂取の光明となり、わたしの上を常に照らし護って下さるのです。ここに闇の世界は明け放たれて、光明の世界となったのであります。その喜びをのべて、「摂取の心光は常に照護したまう」と申されたのであります。この光明は現在においては十二光をもって、一生の間、常に照らして下さるのであり護って下さるのであって、摂取不捨の光明は照護しつつわたしどもを浄土に往生させて、仏果涅槃の無上極果に至らせて下さるのであります。しからば今生も明るく未来も明るく、今生も安心であり未来も安楽であります。『大経』に「明《みょう》より明に入り、楽《らく》より楽に入る」と申された境地であります。

一念の信は、わたしを闇の世界より光の世界に出生させて、安心と希望と満足を与えて下さるのであります。内に自分の心が明るくなったばかりでなく、世界中、物みな光明に充てる自覚を得たのであります。実にこの世における幸福の最上であります。

## 2

わたしども凡夫《ぼんぶ》は、種々に心をつくし行為を尽して、為作造作しますけれども、それは貪欲煩悩《とんよくぼんのう》を熾《さか》んにさせ、瞋恚煩悩《しんいぼんのう》を逆立たせるに過ぎないのであって、一切の行為の結果は、ますます自分を苦しめ、心を闇くするばかりでありまして、よくよくその根元を尋ねますと、それは真智がなく愚痴無明《ぐちむみよう》であったからであります。しかるに今や、如来の光明に照らされ摂められて、常に護られる身となれば、如来はもはや私の無明をすでに破って、如来の光明界裡《こうみようかいり》のものとして下さったのであります。聖人が「弥陀成仏のこのかたは今に十劫《こう》をへたまえり、法身の光輪きわもなく世の盲冥《もうみよう》をてらすなり、」と喜ばれたその喜びであって、世は光に満ちておるのであります。如来の十方衆生救済の本願は、我々を摂取界裡のものにしたいのであって、わたしをして心から、「摂取の心光は常に照護したまう、」と叫ばしたいのであります。

3

このように、「摂取心光常照護《せっしゅしんこうじょうしょうご》」とは、他力信界の風光であって、摂取不捨の本願力は、すでに衆生の無明煩悩をうち破りて、黒闇の苦から救われているのでありまして、「摂取の心光は常に照護したもう」という自覚に入ったものは、根本の愚痴無明《ぐちむみょう》の煩悩が破滅されたのであります。さればその枝葉であるところの貪欲煩悩も瞋恚《しんい》煩悩も、消滅して無くなったであろうかというと、実は、そうではなくして、貪愛の心も瞋憎の心も依然として前と変らないのであります。

「貪愛瞋憎《とんあいしんぞう》の雲霧《うんむ》は常に真実信心の天を覆《おお》えり」とは、聖人の他力信仰の内面事実の告白であります。摂取の光は常に照護して下さるのでありますが、これと同様に、貪瞋《とんじん》の雲《くも》霧《きり》も、常に信心の天に漲《みなぎ》りづめなのであります。

4

信心とは如来の光明に対して、眼《まなこ》の開いたことであります。如来の真実と清浄の光明によって与えられた信心の眼は、一天晴れわたれる光明の世界を見たのでありま す。しかしながら、光明は天上のものであって、地上のものではありません。如来の光明であって、わたしの光明ではありません。わたしというものは、たとい信心の眼が開いたといっても、また摂取の光明に照護せられているといっても、わたしは依然としてわたしであって、煩悩具足の凡夫であります。内に煩悩の汚穢《おえ》を抱きながらしかも如来の慈光に摂取せられたのです。如来の願力と光明とは、摂取してついには浄土に往生させて、仏果にのぼらせねばおかぬ、涅槃をさとらせねばおかぬと、誓われているのであります。今のわたし、現在のわたしというものは、依然として貪欲瞋恚の凡夫でありますから、日々夜々に貪愛の心を熾《さか》んにして、自ら悩み、人を悩ましめているのであり、自分の思うようにならぬといっては、恐ろしき瞋憎の生活を、繰かえし続けているのであります。春や秋に、地上から雲がたち霧が起るように、時にはそれが黒雲となり迅雷《じんらい》となり、暴風とも驟《しゅう》雨ともなって、たちまちにして一天にみなぎる暗黒世界を、現出することともなるのであります。それゆえ、「摂取心光常照護《せっしゅしんこうじょうしょうご》」といっても、如来の光明は現身の私の心までを、全く煩悩なき、清く静かなる涅槃の境地となして下さったのではありません。それゆえ信心の世界は、世界は光明であっても、私が光明ではありません。これを知らざる人々は、光明の世界に出て摂取心光中の生活となると聞くと、もう貪愛《とんあい》の悩みも、瞋憎《しんぞう》の心も起らなくなるように、思い込むのであります。信心以前も貪欲瞋恚《とんよくしんい》の凡夫《ぼんぶ》であり、信心以後も貪《とん》欲瞋憎《よくしんぞう》の凡夫であります。否一生の間、肉身の存する限り、貪瞋煩悩《とんじんぼんのう》の凡夫であります。

## 5

しからば、信と不信とはどこに相異があるのか。「摂取の心光は常に照護したもう」といっても、何がありがたいのか。また「無明の闇を破したまえり」ということは、どんな意味を有するのかというと、それは、夜と昼との相異のようなものであります。夜は闇であって真の光というものがない。たとい光があっても、それは人間の力で造った一時の光であって、日の光のような功徳と利益は、到底のぞまれません。しかるに一旦、夜が明けて昼となれば、それこそは真に光の世界となって、世界中が明るくなり、安楽となって、自他ともにその光明界中の人となるのであります。そしていかに地上から煙が上ったといっても、霞《かすみ》がたなびいても、雲が起っても、霧が立ちこめても、一丁向うが見えず、山や河が見えないほどになっても、それは昼の明るさを打ち消すことはできないのでありますやがてはまた晴れる、晴れた方が本真《ほんとう》の世界であって、黒雲の世界は仮《かり》の世界、一時の世界となるのであります。たとい夜かとまちがうほどに、狂い乱れた天候であっても、その雲霧の下の地上の世界は、決して夜の闇ではないのであります。夜はいかに強力なる電燈の光にみちても、夜は夜であって、それは闇中の光であります。弥陀仏日《みだぶつにち》の照耀《しょうよう》せる世界では、いかに貪瞋煩悩《とんじんぼんのう》の雲霧に覆われても、それは昼の世界であって、夜の闇ではないのであります。

6

聖人が、『信の巻』に

悲哉《かなしいかな》、愚禿釈《ぐとくしゃく》の鸞、愛欲の広海《こうかい》に沈没《ちんもつ》し、名利《みょうり》の大山《たいせん》に迷惑して、定聚《じょうじゅ》の数《かず》に入ることを喜ばず、真証《しんしょう》の証《しょう》に近づくことを快《たのし》まず、恥ずべし傷《いた》むべしと、他力信心を喜ぶ身となり、摂取《せっしゅ》の心光に常に照護せられて、無明の闇が破られた身と知りながら、しずかに内に向って自己の上を見るならば、依然として貪愛瞋憎《とんあいしんぞう》と名利を、出ることのできない自分であると、告げていられるのと同じであります。それゆえに、聖人はなおなお、絶対的に他力本願を喜ばれたのであります。決して自分が善くなったのではない、一念帰命の信心の得益として、摂取の光益を仰ぐ身となった喜びであると、限りなく本願を讃え、信心の功徳を喜んでおられるのであります。あくまでもあさましいのは自分の相《すがた》であり、あくまでもありがたいのは他力の大悲であります。わたしは他力信の内景というものが、この一章によって明瞭にせられたことを、深く喜ぶのであります。

# 第十章　信の現益

獲《ぎやく》信《しん》見《けん》敬《きよう》大《だい》慶《きよう》喜《き》　信を獲《え》て見て敬《うやま》い、大《おおき》に慶喜すれば

即《そく》横《おう》超《ちよう》截《ぜつ》五悪《あく》趣《しゅ》　即《すなは》ち横《よこさま》に五悪趣を超截す

**語の略解**

(1)　**獲信**とは、信心をえてということである。聖人は『和讃』の最終、自然法爾章《じねんほうにしよう》のところに、「獲の字は因位のときうるを、獲という。得の字は果位のときにいたりてうることを、得というなり。」といって、同じ「うる」という意味にも二様あることを示して、獲の字と得の字との意味のちがいを、示されているのである。信心は因であって、往生はその果であるから、信心には獲という字を用い、即得往生《そくとくおうじよう》とあるごとく、往生の果に対するときは、得の字を用いていられるのである。そしてまた、『一念多念証文』には、「得はうべきことをえたりという」と申されているのである。

(2)　**見敬大慶喜**とは、『大無量寿経』の下巻の東方の偈に、釈尊が「法を聞いてよく忘れず、見て敬い、得て大《おおき》に慶べば、すなわち我がよき親友《しんぬ》なり。」と申されている「見敬得大慶《けんきようとくだいきよう》」とある御経の文字を、用いられたのである。法を聞いてよく忘れずとは信を獲《え》たることであって、見て敬いとは見仏のことである。見仏といっても、仏の姿や形を見ることではなく、如来の光

明を、心において見ることである。

(3) **慶喜**とは、よろこぶことであるが、聖人は「慶はうべきことをえて、のちによろこぶこころなり、信心をえてのちによろこぶこころなり。喜はこころのうちに、つねによろこぶこころたえずして、憶念つねなるなり」と『唯信鈔文意《ゆいしんしょうもんい》』には、細かに解釈して下さっているのである。信心を獲《う》れば、きっと往生を得ることに、きまってしまったのであるから慶喜と申されたのである。

(4) **即**とは、聖人は、「即《そく》はすなわちという。すなわちというは、ときをへだてず、ひをへだてぬをいうなり」と申されて、信心を獲れば、その時からすぐにということである。

(5) **横**とは、竪《たて》に対することばであって、一時にということ、時間の短いことである。

(6) **超截**とは、超はとび越えるという意味であり、越えるといっても、一つ一つぼちぼちと越えるのではなく、一度に一時に、時間の速いことをあらわされたのである。截とは切ること、断ちきることであって、超断とも申されている。

(7) **五悪趣**とは、地獄《じごく》、餓鬼《がき》、畜生《ちくしょう》、阿修羅《あしゅら》、人天《にんでん》のことである。趣とはおもむくという字であって、五道という意《こころ》である。地獄界、餓鬼界といえば、五つの境界ということであるが、この五つの世界は苦悩のはげしい苦の絶えぬところである。今日のわたしどもは五道六道の辻に立っているのである。地獄ゆきの業を造りつつ地獄ゆきの道に立っており、或は餓鬼の道に向って立っており、畜生界に向って畜生道を歩んでいるのであり、阿修羅界（闘争の世界）ゆきの道にむかっており、たとい再び人間界に生れ代るとしても、それもやはり苦悩をくり返すのであるから、人間界も苦界である。それゆえ、この五つの世界を悪趣というのである、つまりわたしどもの前には、五本の道が横たわっておって、そのいずれかの道に向って進んでいるのである。

人天とあるのは、人間界と天上界のことであるが、人間と天上界とは、上下の相違はあっても同様に苦の去らぬところであるから、人天界を一つと見て、五道というのである。詳しくいうときは人間と天上とを分けたときは六道となるのである。

**1**

『大無量寿経』の主眼は、衆生に信心を獲《え》させたいのであって、如来の成仏もそれがためであり、浄土建立もそのためであり、十方衆生の苦悩を済うためには、衆生に信心を獲させたいのであります。それゆえ、衆生が信をうれば必ず往生する身となるのであります。ゆえに、衆生救済のために最も大事なものは信心であります。そして信心にはかくかくのしあわせがあり利益があると、『大経』に説かれた主要な点をあげて、信には「不断煩悩得涅槃《ふだんぼんのうとくねはん》」の徳がある、信には「摂取心光常照護《せっしゅしんこうじょうしょうご》」の徳がある、また信には、「即横超截《そくおうちょうぜつ》五悪趣《あくしゅ》」の徳のあることを示されたのであります。

**2**

「獲信見敬《ぎゃくしんけんきょう》大慶喜《だいきょうき》」とは、信を獲《え》て見て敬い大いに喜べばということであって、もっとつずめていえば、信心を獲《う》れば、ということであります。信心歓喜とあるごとく、信心には歓喜のはなれぬごとく、信心には見て敬い大いに慶喜する心が、自然に具わってくることを知らそうとせられたのであります。略解のところで述べましたように、『大経』に「聞法能不忘《もんぼうのうふもう》、見敬得大慶《けんきょうとくだいきょう》、則我善親友《そくがぜんしんぬ》」と釈尊が申されましたのは、信心歓喜の身となれば我が善き親友《しんぬ》であると、釈尊が讃《ほ》めて下さったのであります。法を聞くとは聞いて信ずることですから、「法を聞いてよく忘れず」とは、信心決定《しんじんけつじょう》したことであり、信心決定の人は、心の眼が開いて如来の光明を見るのであり、十二の光明の御徳を仰いで喜び、摂取照護の如来の光明が、我が身の上に至らせて下さったことを見て、如来を敬い喜ぶのであります。「得て大に慶ぶ」とは、即得往生《そくとくおうじょう》のことであって、信心は因であり往生はその果であるが、信心を獲たその時から、きっと往生が決定して間違わぬこととなったことを、「得て大に慶べば」と申されたのです。往生すれば直ちに無上大涅槃をうるのであり、仏果となるのであるから、信心のところに直ちに、うべきことをえて、心大に喜び、喜ぶ心がつねにたえず、憶念の心つねに相続するしあわせを、うるようになるのであります。それゆえ「獲《くわ》信見敬大慶喜」とは、信心歓喜の身となればということであり、その歓喜の模様を委しく示して常に光明を見て喜び、仏徳を敬って喜び、往生の決定を得て喜び、現在のしあわせと、未来のしあわせとを喜ぶのであって、このような信の身となったものは、ということであります。

## 3

他力信心には、横超の大利があって、これが信の利益中の大なる一つであります。そしてそれは「即《そく》」と申された如く、「即とは時をへだてず日をへだてず」と申される如く、信心の立どころに、その時からということであって、死んでから、はじめてこの大利を得るのではないということを、示されたのであります。

「横超《おうちょう》」とは横に超えるということですが、聖人は横超他力と申されて、他力の本願力によればこそ、横に超えることができるのである。もし自力なれば、竪に一つずつ超えてゆかねばならぬのであると、他力本願の御慈悲を喜び、信心の利益を喜ばれているのであります。

『信巻』には

金剛《こんごう》の真心を獲得するものは、横に五趣八難の道を超えて、必ず現生《げんしょう》に、十種の益《やく》を得。何ものをか十とする。

一には、冥衆護持《みょうしゅごじ》の益　五には、諸仏称讃《しょぶつしょうさん》の益
二には、至徳具足《しとくぐそく》の益　六には、心光常護《しんこうじょうご》の益
三には、転悪成善《てんあくじょうぜん》の益　七には、心多歓喜《しんたかんぎ》の益
四には、諸仏護念《しょぶつごねん》の益　八には、知恩報徳《ちおんほうとく》の益

九には、常行大悲《じょうぎょうだいひ》の益　　十には、入正定聚《にゅうしょうじょうじゅ》の益

と申されております。

金剛の信心には、現生において得る利益と、未来に対する利益と、すなわち現当の両益が、一念の信の上に具《そな》わるのであると、信心の大なる利益を示されているのであります。

今、『正信偈』に、「横に五悪趣を超截す」と申されたのは、『信巻』に、信心には五趣八難道を横に超える徳と、現生において、十種の利益があると説かれているのと同じ意《こころ》であります。五趣とは、地獄、餓鬼、畜生、阿修羅、人天の五悪道のことですが、八難とは、一には地獄《じごく》、二には餓鬼《がき》、三には畜生《ちくしょう》、四には長寿天《ちょうじゅてん》、五には北州《ほくしゅう》、六には聾盲瘖瘂《ろうもうおんあ》、七には世智弁聡《せちべんそう》、八には仏前仏後難《ぶつぜんぶつごなん》であります。

今『正信偈』には、八難道の方を略して、簡単に五悪趣のみをあげられたのであります。五悪趣に向う道が横ざまに超截《ちょうぜつ》さるれば、八難道を横ざまは越えることも無論であります。

## 4

八難というこの八種の者は、仏を見ることを得ず、また正法を聞くことのできないことが、悲しむべき難儀なことだからであります。もし正法を聞くことができなければ、仏を知ることがなく、したがって助かる道がなく、苦悩はいつまでも苦悩であって、たとい多少の幸福はあっても、真の幸福に接することはできないのであります。

在地獄《ざいじごく》の難《なん》と、在餓鬼《ざいがき》の難と、在畜生《ざいちくしょう》の難とは、五悪趣と同じようでありますが、今は聞法《もんぼう》と見仏《けんぶつ》ができない不幸を中心として、三悪道を難処《なんしょ》とせられたのです。地獄と餓鬼と畜生との三処には、余りに苦しみが劇《はげ》しいために、法を聞くことができないという難がありますす。わたしどもの今日今日の生活は、このような難処への生活をしているのでありま す。貪欲《とんよく》のひどいものは畜生道を歩んでいるのであり、瞋恚《しんい》のひどいものは餓鬼道を歩んでおるのであり、愚痴のひどいのは無明道《むみょうどう》であり、この三悪道の世界へ行ってしまえば、仏法を聞き難いのは無論のことですが、今生では三悪道にいるような人々は、瞋恚のために余り苦し過ぎて、仏法を聞く心が起り難かったり、たとい聞いても、正法が心の耳に入っていかないために、仏を知ることができず、まことに見仏聞法難《けんぶつもんぼうなん》があるのであります。貪欲のひどすぎる人も同様であって、余りに欲深いために、聞法する心が生じなかったり、聞いても正法が入ってゆかず、正法が聞こえないから、苦悩の救われる時がないのであります。人間は一同に三毒煩悩の衆生でありますが、仏の大悲の光明の御徳が御照らし下さっている、そのおかげて、ちっとは餓鬼道の瞋恚《しんい》根性が薄らいで、仏法を聞く御縁がついたり正法が心に入ってゆくのであります。畜生道の貪欲《とんよく》根性がちっとは薄らいで、聞法のしあわせに接するようになるのであります。

## 5

第四の在長寿天《ざいちょうじゅてん》の難《なん》とは、天とは国という意味です、長寿国に住んでいる人は聞法の縁がないのです。これはおもしろいことだと思います。多くの人々は長寿国の住人であります。別にこの世界以外に、そんな国があると思わなくてもよろしい。多くの人は、我は長寿するに違いないと思い込んで生活しているのであります。多少苦しいことがあってもかまわぬ、多少ではなく、余程苦しいことがあってもかまわぬ、ひたすらに長生きしたいと思っているのが人間の常であって、そして、もう死なないものときめているのです。少くとも長寿するときめ込んでいるのであります。己《おのれ》の父が長命だったから、己も長命するに違いないと思い、父は短命であったが、母が長寿筋だったから、きっと己も長命に相違ないなどと考えているのです。長寿国の住人は、決して短命であろうとか無常ということを、考えるものは一人もないのであります。もし長命な人が父母中に見当らねば、祖父母や祖先にまでさかのぼって、探し求めてでも、自分の長寿すべきことを証明せんとしているのです。長寿国では、自分が長寿の系統でなくても、是非とも己だけは長寿しようと考えて、畢世《ひっせい》の努力を集中しているのであります。それゆえ仏法聴聞《ぶっぽうちょうもん》、すなわち聞法する必要を感ぜなかったり、たとい聞法しても、法は心に入らないのであります。人生五十といって、百歳まで生きたものはないのだから、自分もいずれは死ぬであろう。とまでは考えますけれども、決して死なないものと心に定めておくのです。このような長寿国の人に、そんならいつ頃寿命が尽きて死ぬつもりかと聞いてみると、なかなか死なぬつもりといいます。なかなかとは何年位かと、だんだん尋ねますと、さあといった調子で、実は海岸に立って太平洋を望んでいるように、果てがありそうであって実は果てがないのであります。だから長寿国にある人々は、永久に聞法の心が起らず、聞法の機会がないという難があるのであります。

## 6

第五の北州《ほくしゅう》とは、北鬱単越州《ほくうつたんおつしゅう》のことですが、或いは北倶盧洲《ほっくるしゅう》といいます。この国には五欲の享楽が多く具《そな》わっているために、却って法が聞けない難があるのであります。余りに苦しみが多すぎたり強すぎても法は聞けないが、余りに楽が多く得られ過ぎても、法は聞けなくなるものであります。すなわち酔っていれば、それがために勉強ができないようなものです。つまり遊ぶことが多く具わっているのです。たとえば金満家の家族のように、世界の多くの人の、泣いているような苦しみが、一つもないために、自分は余程豪《えら》いものである、しあわせなものであると思い込んでしまって、それ以上にもっとしあわせな、幸福の世界があることを知らないのであります。また求めようともせず、これで十分だと思ったり、十分ではないが、これ以上人間として求めるのは無理であると、考えたりしているのであります。だから気の毒にも、仏法を聞こうとする心が起らないのであって、これがこの国人の難であります。

第六の諸根不具《しょこんふぐ》の難《なん》とは、視力や聴力のような、大切な器管に大きな障害があっても聞法難であります。その他身体のどんな部位にでも大きな支障のある場合は、まことに聞法難であり、獲信難であって、助かることが、できにくいのであります。

第七の世智弁聡《せちべんそう》の難《なん》とは、世間智《せけんち》のありすぎる、いわゆる物識《し》り、才智の長けた人、何事でも物事をよくわきまえて解決してゆく人、すなわち聡明であり物の分った人は、多くの人に尊まれ重んぜられ、感心せられ、珍重がられて、世間の役には立って重宝ですけれども、それがために世間の交際や用事がいくらでも多くなり、したがって自分も豪《えら》いものだと自惚《うぬぼ》れるようになり、慴慢心《きょうまんしん》となり易いものですから、それがために聞法の縁がなくなったり、多忙なために聞法ができなくなったり、また聞いても我流に解釈して真意が得られないという難があるのであります。それゆえ世間智の長じているのも、道を得るためには一つの難であります。

7

第八の生仏前仏後《しょうぶつぜんぶつご》の難《なん》というのは、原《もと》の意《こころ》は、前仏の出世と後仏の出世の中間の無仏法のところに生れる聞法難であります。仏入滅の後に生れでては、法を聞くことができないということですが、あながちに釈尊の御出世の時を主にしなくとも、仏の説き残された経典や教義が説かれてあって、正法の存在するところに生れたものには、その難がないのです。しかしながら現今でも、インドには正法は残っておらず、中国や朝鮮も同様に仏後であります。ましてやアメリカや欧州諸国に生れては、恐らく仏法を聞くということはむずかしいことで、それは仏前であり仏後であります。まことに聖人達が喜ばれたように、日本に生れたことはしあわせであります。日本といっても、聖徳太子以後の日本に生れたからであります。

## 8

信を獲《え》たものは、まことにしあわせであります。現在から八難道を超えさして頂いているのであって、地獄餓鬼畜生道の如く、苦しすぎて聞法ができないということにもならず、信の人は苦しい中からも聞法します。人生の楽しみがありすぎて正法が聞けないということにもならず、五欲の満足が得られても、それに囚《とら》われずして、聞法することができます。不幸な身であっても、また多幸な身であっても、聞信して正法を喜び、長寿をしながらも長寿難をのがれて、愛楽仏法味《あいぎょうぶつぽうみ》を喜び、聞法難のある世智弁聡難《せちべんそうなん》をのがれ、自己の才や学や智能に妨げられずして、聞法信楽の幸福を増長するのであります。聞法の不可能である諸根不具《しょこんふぐ》という難ものがれ、今や信心を獲たる上は、現在においても未来においても、かかる八難の境遇に陥ることがなく、ひたすら道に進ましていただくばかりであります。

9
我が前方に横たわれる八難道を、一時に横断し超越さしていただくのみならず、五悪趣を超截した身となるのであります。

超截《ちょうぜつ》とありますとおり、横ざまに超えきるとは、我が前に展開されてある、地獄道も餓鬼道も畜生道も阿修羅道も、五本の綱を一つにして、ばらりと横に截《き》ったように、信のその時から、五悪趣に至るべき道が、願力の御力によって、打ち切られるのであります。現在信の今から悪趣が超断さるれば、向うところは善趣のみであって、それも、声聞、縁覚、菩薩の境界でなく、仏界のみが、我がゆき生まれるところとなったのであります。すなわち、その人の前には仏道のみがあるのであります。『経』には「悪趣自然に閉じん」とあります。蓮如上人が『御文《おふみ》』に「いかに地獄におちんとおもうとも、弥陀如来の摂取の光明におさめとられまいらせたらん身は、わがはからいにて、地獄へもおちずして、極楽にまいるべき身なるがゆえなり、」と申されているのは、このこころであります。

# 第十一章　人中の白蓮華

一切《さい》善《ぜん》悪《あく》凡《ぼん》夫《ぶ》人《にん》
聞《もん》信《しん》如《によ》来《らい》弘《ぐ》誓《ぜい》願《がん》
仏《ぶつ》言《ごん》広《こう》大《だい》勝《しよう》解《げ》者《しや》
是《ぜ》人《にん》名《みよう》分《ふん》陀《だ》利《り》華《け》

一切善悪の凡夫人
如来の弘誓願を聞信すれば
仏は広大勝解の者と言《のたま》えり
是の人を分陀利華となづく

**語の解略**

(1)　**一切善悪凡夫人**とは、一切人ということである。すなわち十方衆生のことである。一切人ということをなお詳しく説明して、善悪の凡夫人と申されたのであって、聖者と凡夫などと分けていう時もあるけれども、この世の人は実は皆凡夫であるということである。聖者というのは煩悩のなくなった人のことであるから、煩悩のある程の人は皆凡夫というべきである。ことに阿弥陀如来の本願は凡夫救済の本願であって、『観無量寿経』の中に衆生救済の道を説かれる時、釈尊は人類全体を九等種に分類して、それぞれに救われる方法を説かれたのである。それはすべてを凡夫として、その凡夫を善凡夫と悪凡夫との二類とせられている。すなわち上品の中に三種あって、上々の人、上中の人、上下の人は、大乗法を修学修行する凡夫人である。所《いわ》謂《ゆる》、高僧知識といわるる人々であって、この修め得た善を浄土に廻向して往生を願う人々であって、これは善凡夫である。それから、中品では、中上の人、中々の人、中下の人とがあるが、その中で中上と中々の種類の人は、小乗法を学修する人々であって、戒律を修めた徳を浄土に廻向して往生を願う人々である。以上の五種類の人々は、仏法を専ら修める人々であるから、出世間法《しゅつせけんほう》を修する人々である。次の中下の人というのは、世間法としての仁義五常を正しく修めてゆく人々であるから、これも善人であって、以上の六種の人々はみな善凡夫である。そして下品の中の下上、下中、下々の三種類の人々は、上下の差はあり、罪悪の軽重はあっても、皆悪凡夫である。在家止住と申されたとおり、五欲生活に没頭している我々は、十悪《あく》五逆《ぎゃく》、五障《しょう》三従《しょう》の悪凡夫であって、高僧知識や仁義道徳のすぐれた人々は善凡夫であるが、それら全体を引くるめて「一切善悪の凡夫人」と申されたのである。

(2) **如来の弘誓願**とは、阿弥陀如来の誓願は、広大なる誓いであり願であって、善人のみならず、いかなる悪人をも救済せんとの御思召であるから、一切人《さいにん》を漏らさぬ誓願である。こんな人は助けるが、こんな人は助けぬという隔てがなく、十方衆生と呼びかけておられる本願であるから、弘誓願と申すのである。

(3) **聞信**とは、聞其名号《もんごみょうごう》とあるとおり、名号《みょうごう》を称念するものを助くるとある本願のいわれを、くわしく聞くことである。ただ軽くあだ耳に聞くのでなく、聞くというのは、心から聞いて聞き得たことである。心に聞き得たということは信じたことであらねばならぬ。それゆえ「聞信すれば」と申されたのは、ただ聞くのでない、聞いて信ずることであることを知らされたのである。ほんとに心に聞くということは、それは信じたことである。見るとも信ぜざれば見ざるが如しというように、聞くとも信ぜざれば聞かざるが如しであって、軽くあだ耳に聞くだけならば、誰でもすることであり、聞いて覚えているということならば、誰でもできることであるが、聞いて信じてこそ真に聞いたのである。それゆえ聞信すればということは、信ずればということである。

(4) **仏**とは、釈迦牟尼仏のことである。すなわち諸仏の代表としての釈尊のことである。

(5) **広大勝解者**とは、真の道が解った智者ということである。仏のお説きになる華厳、法華、般若、涅槃等の大乗経典には、証理に達する道がのべてあるのであるが、それがためには広大なる宇宙の大法が説かれているのである。それゆえ説かれている大法は広大であって極めて難解であるから、理智にうったえて、それをよく理解するさえ難渋《なんじゅう》であるのに、それを体解し体得することはなおさら難渋である。しかしながら如来の弘誓願《ぐぜいがん》を聞いて信ずることができた者は、広大なる大法を体得し体解した勝解者、すなわち広大なる智慧者であると申されたのである。

(6) **是人**とは、この人ということであって、本願を信じた人のことである。聖人はまた解釈して、是人《ぜにん》と読んで、是人とは非人に対する語《ことば》であるから、信心のなき人は人にして人に非ず、故に非人であって、信心の人こそ真正の人であると、信心の人の尊さをのべられているのである。

(7) **分陀利華**とは、白い蓮華《れんげ》のことである。印度《いんど》には五種の蓮華があって、白蓮華《びゃくれんげ》、青蓮華《しょうれんげ》、紅《こう》蓮華《れんげ》、黄蓮華《おうれんげ》、黒蓮華《こくれんげ》（黒というのは紫の濃いのだということである）その他に雑種の蓮華がいろいろあるが、それらの中で最も勝れたのを白蓮華とせられておる。『華厳経』や『法華経』などに、いつも蓮華を喩として法を説かれているのは、蓮華には、他の花に勝れた特別なる点が、種々あるからではあるが、とりわけ、泥濁の中から生じながら、その泥にちっとも染むことがなく清浄であるからである。そしてこの白蓮華はことに他の蓮華より色が清浄であり、光沢がすぐれておって、妙なる香りがあるということである。

## 1

如来の本願は弘誓願《ぐぜいがん》と申されるごとく、十方衆生と呼びかけて、一切人《さいにん》すなわち人類全体を、すべて救済しようとある大願であります。それゆえ我々凡夫人《ぼんぶにん》の助かる道であります。凡夫という中にも委《くわ》しく分ければ、善凡夫と悪凡夫との別がありますが、わたしどものような者は悪凡夫であって、十悪五逆の外に出ずることのできない心と行いとの悪人であり、愚痴《ぐち》と貪欲《とんよく》と瞋恚《しんい》との三毒煩悩の熾烈《しれつ》な生活をして、自分の罪悪を平気でいるばかりでなく、『観経』に、「諸《もろもろ》の悪業をもって自らを荘厳《しょうごん》する」とありますとおり、悪業を行いながら、どうだ豪《えら》いものだろうと、それを誇りとし、それをもって自分の智者であり賢明である証拠の如く思い、立派な己の荘飾と心得ているのであります。どうだうまく誑《だま》してやった、とうとう閉口さしてやったと、いかにも智者らしく、いかにも徳者らしく思っているのですが、それらの総てが皆、よくよく考えてみると、「諸の悪業をもって自らを荘厳して」いるのであって、「慚愧《ざんぎ》あることなし」とある如く、実に悪凡夫であります。

このような悪凡夫であっても、如来は憐愍《れんみん》して、救いたいと思っておられるのが如来の誓願ですから、この如来の弘誓願を聞いて信ずるならば、摂取して助けて下さるのみならず、この聞信《もんしん》の者を広大勝解者《こうだいしょうげしゃ》であると、釈尊は、『如来会《にょらいえ》』という御経に称讃しておられるのであります。

## 2

わたしどものような、十悪五逆の悪凡夫を救済せられるばかりでなく、如来の本願は、世間善である仁義五常の徳をよく修むる善凡夫をも救おうとしていられるのであります。なお進んでは、小乗や大乗の教を奉じて学修しておる善凡夫をも救済して下さるのであります。しかしながら、いかに善凡夫だといっても、自分の身に修めておる仁義五常の徳や善があるから救済せられるのではありません。救済されるにはただ一つ、弘誓《ぐぜい》願《がん》を聞信することによって助けられるのであります。そのごとく、いかに小乗法を行じて威儀正しく戒律を守り徳を修めているからといって、その徳によってたすかるのではなく、大乗経典を学んだという智解《ちげ》の徳によってたすかるのでもなく、大乗の修行を実践して来た徳によって助かるのでもありません。このような人々の助かるわけは、ひとしくただ、「如来の弘誓願《ぐぜいがん》を聞信《もんしん》する」ことによって助かるのであります。

かくの如く一切人《さいじん》は、たとい善凡夫であっても、また悪凡夫であっても、たすかる道は、如来の誓願力によるよりほかはないのであります。それゆえ一切善悪の凡夫人であるすべての人のたすかる道は、ただ一つ、如来の誓願を聞信することよりないのであります。

## 3

それゆえ、釈尊は、一切人それは智愚善悪のいかんを論ぜず、如来の誓願を聞信した信心の行者を、「広大勝解の者《こうだいしょうげのひと》」といって讃めておられるのであります。すなわち、信心の人は身分のいかんにかかわらず、諸仏に称讃される功徳利益《くどくりやく》のある、しあわせ者であります。釈尊に讃められるということは諸仏に讃められることであり、讃められるということは護念せられることであります。諸仏に讃められるということは諸々の菩薩に讃められることであり、菩薩に讃められるということは諸神に讃められることであり、諸神に讃められ護《まも》られるならば、人天に恭敬《くぎょう》される筈であります。すべての人が称讃しなくとも、正しき人、解った人、人らしき人ならば、きっと称讃する筈であります。信には諸仏称讃の利益があると申されますが、諸仏に称讃されるということは、諸菩薩、諸神、人間に称讃されるにきまっているのであります。その反対に、人間に称讃されたからといって、諸神、諸菩薩、諸仏が称讃して下さるとは、かぎらないのであります。しかも下らぬ人間達にいかに讃められても、それは功徳《くどく》でもなければ、真の利益《りやく》でもありません。或いは却って不利となったり、不徳を増長することとさえなるのでありますから、現生十種《げんしょうじゅうしゅ》の益《やく》の中には、信の利益として、諸仏称讃の益《しょぶつしょうさんのやく》と諸仏護念の益《しょぶつごねんのやく》とをあげていられるのであります。

4

釈尊は、本願を聞信した人をお讃めになって、この人は広大勝解《こうだいしょうげ》の者《ひと》である、この人は分陀利華《ふんだりけ》であると申されたのであります。

勝解とは、ほんとうのことが解ったということであって、真の智慧を得た者ということであります。「広大勝解の者なり」とは、『如来会』という御経の語です。『大無量寿経』では、「智慧明達《ちえみょうだつ》して功徳殊勝《くどくしゅしょう》を得べし」とありまして、智慧明達《ちえみょうだつ》の人というべく、功徳《くどく》殊勝《しゅしょう》を得ると申されているのであります。

『華厳経《けごんぎょう》』とか『法華経《ほけきょう》』とか、『般若経《はんにゃきょう》』とか、『涅槃経《ねはんぎょう》』とか、その他の経典にしても、経典の意味を理解するだけでさえ、それはなかなか容易なことではありません、とても無学ではできぬことであって、余程の智者でなくては、かなわぬことであります。しかも経典というものは、それを学んだり研究しても、文字によってその意味を知るだけでなく、説かれているとおりに、身に行い心にさとりが開けねば、何の所詮《しょせん》もないことであります。しかしながら、それを身読し体得するということが、なかなかできないことであります。しかるに「広大勝解者」とは、このような広大なる大法をよく身読し体得した智慧者ということであります。

いかに世間善である仁義五常の道徳者であっても、それが真に自らを救い、他を救うということにならぬならば、それは「広大勝解者」とはいわれません。すなわち真の智慧明達の人とは申されないのであります。また、いかに、五戒、八戒をたもって、五逆を造らず、衆悪を作らないという小乗の持戒者でも、同様にそれはなお教法の真の体得者であるとはいえず、「広大勝解者」とは申せないのであります。また大乗の経典を学び、いかに心を修め身を修めたといっても、いかに因果を信じ、無上菩提心を発《おこ》したといっても、菩提心を成就《じょうじゅ》して仏果に至ることができないようでは、何の所詮もないことです。これも「広大勝解者」とは申せないのであります。真の智慧とは、真に自分のたすかる道を得たもののみが、真の智慧者であります。

それゆえ、釈尊は大乗の行人や小乗の行人や、仁義道徳の善凡夫を、真の智慧の人とは申されないのでありまして、その人々がもし自力をすて、如来の弘誓願を聞信して、他力信心の人となった時に、その人々を、はじめて「広大勝解の者」なりと称讃せられるのであります。それゆえ、たとい十悪五逆、具諸不善の悪凡夫であっても、その人が如来の弘誓願を聞信するに至れば、その人を、広大勝解の者なりといい、百千の経巻を学修したにも増して、三十年五十年の仏道修行をしたものにも勝《ま》した、智慧明達の人なりと称讃せられたのであります。

## 5

如来の弘誓願《ぐぜいがん》を聞いて、一念に弥陀をたのみ申し上げたということは、自力のはからいの愚なことを知り、己の小智をすてて、他力本願力に帰したことであります。自分の智慧をすてて愚になったようでありますが、小賢《こざか》しい凡夫の小智をすてて本願に帰したことが、何ぞしらん、百千の大乗経典を学び修めたにも勝《まさ》れる、広大勝解の真の智慧を得た人であると申されたのであります。それは自力の菩提心が成就することの不可能なのにもかかわらず、他力の信心は菩提心成就のただ一つの道であり、自利と利他との円満し満足する道ですから、智慧明達《ちえみょうだつ》というべく、功徳殊勝《くどくしゅしょう》なるを得るのであります。

聖人が『正像末和讃《しょうぞうまつわさん》』に、

智慧の念仏うることは　法蔵願力のなせるなり

信心の智慧なかりせば　いかでか涅槃をさとらまし

と申されまして、念仏を智慧と申され、信心を智慧と申されたのは、信心こそは仏果涅槃にいたる真の智慧であり、この世一生を生活する間においても、功徳殊勝なることを得る道としての真の智慧であるからであります。

蓮如上人は『御文《おふみ》』の中に「ひとたびも、ほとけをたのむこころこそ、まことの法《のり》にかなうみちなれ、」と三首の御詠歌《ごえいか》の最初に、申されている御心は、この意味でありまして、何というありがたく尊いことかと思います。「ひとたびも、ほとけをたのむこころ」とは、一念の信のことであって、「聞信如来弘誓願《もんしんにょらいぐぜいがん》」の意《こころ》でありましょう。「まことの法に、かなう道なれ」とは、いかに世善《せぜん》を励んでも、それは真の道ではない、また小乗や大乗の修学行道も、それは真の道ではない。真実の大法にかなった道とは、ただ一念の信であるということでありまして、智者愚者を論ぜず、善人悪人を論ぜず、ただ、如来の弘誓願を聞信する他力信心の人のみが、「広大勝解者」であると申されたのであります。

## 6

『観無量寿経』の中において、釈尊は「若念仏者《にゃくねんぶつしゃ》、当知此人《とうちしにん》、是人中分陀利華《ぜにんちゅうふんだりけ》」と申されました。若念仏者とは聞其名号《もんごみょうごう》の人であり、本願を信じ念仏を申す信心の人のことであります。「この人はこれ人中の分陀利華なり」と申されているのであります。

「分陀利華」とは、白い蓮華のことでありまして、この蓮華は、蓮華の中でも最も香りのよい蓮華であり、白いのみならず、まことに、さわやかなる色と光とを具《そな》えている、最も勝れた蓮華であります。すなわち華の中の華という意味であって、最上の称讃の言葉であります。経典の中に蓮華を喩《たとえ》とせられることは、申すまでもなく、蓮華には他の花と異った勝れた点が多くありますが、何よりも珍らしいことは、泥の中に育ち泥の中より生ずるにもかかわらず、泥とは全く反対に、清浄なる相《すがた》であるからであります。

貪瞋《とんじん》五欲《よく》の煩悩中《ぼんのうちゅう》から生じた信心は、煩悩中にありながらしかも煩悩に汚濁《おじょく》されずして、清く煩悩中に生きながらえて、ついには仏果涅槃の実を結ぶのであります。『和讃』に

染香人《せんこうにん》のその身には　香気あるがごとくなり
これをすなわちなづけてぞ　香光荘厳《こうこうしょうごん》ともふすなる

とあります如く、信心の人こそ、香り高く、光ある人であると称讃されたのであります。

善導大師は「人中の好華《こうげ》といい、人中の希有華《けうげ》といい、人中の上々華《じょうじょうげ》、人中の妙好華《みょうこうげ》」と申されました。また「人中の好人《こうにん》なり、人中の妙好人《みょうこうにん》なり、人中の上々人《じょうじょうにん》なり、人中の希有人《けうにん》なり、人中の最勝人《さいしょうにん》なり」と申されているのであります。何といってよいのやら、讃めてみようがない程の尊さを喜ばれて、口を極めて讃められているのであります。それは「是人中分陀利華《ぜにんちゅうふんだりけ》」と釈尊の讃誉せられたその心であります。

## 7

聖人は、「是人《ぜにん》というは、是は非に対することばなり、真実信楽《しんぎょう》のひとをば是人ともうす。虚仮疑惑《こけぎわく》のものをば非人《ひにん》という。非人というは、ひとにあらずときらい、わるきものというなり。是人は、よきひととともうす。」と申されていまして、是人とあるのを、この人と単に、念仏する人を指す言葉と見るほかに、非人に対する言葉として、い

かに学徳があるといっても、如来の弘誓願《ぐぜいがん》を聞信しない人、すなわち不信の人は非人というべきであって、人にして人に非ず、真の人ということができないという釈尊の御思召であると、詳しく御意《おこころ》を味わっていられるのであります。是人とは、よき人であるということ、真の人というべきであって、本願を信じ念仏を申す人は、人の中の人であるとの御思召であると、知らして下さったのであります。位が高くなったから是人ではありません。お金ができたから是人ではありません。自力の虚仮《こけ》の行いをする善人も非人であり、念仏を申しておっても真実信心でないならば、それは本願に疑惑をもつ人であるから非人であり、雑行の人、雑修の人、自力の人は、皆非人であって是人と申すことはできないのであります。実に恐れ入ったことであります。真実に本願を聞信した念仏の行者とならねば、何をしても非人でありますから、「分陀利華《ふんだりけ》なり」と申されるしあわせものとはなれないのであります。それゆえ現に、真実信楽《しんぎょう》の人は、釈尊の御言葉の如くしあわせ者であることを喜ぶべきであり、不信の者はいよいよ聞信に専《もっぱ》ら、つとめねばならぬのであります。

# 第十二章　難信の理由

弥《み》陀《だ》仏《ぶつ》本《ほん》願《がん》念《ねん》仏《ぶつ》
邪《じゃ》見《けん》憍《きょう》慢《まん》悪《あく》衆《しゅ》生《じょう》
信《しん》楽《ぎょう》受《じゅ》持《じ》甚《じん》以《い》難《なん》
難《なん》中《ちゅう》之《し》難《なん》無《む》過《か》斯《し》

弥陀仏の本願念仏は
邪見憍慢悪衆生
信楽受持すること甚《はなは》だ以《もっ》て難《かた》し
難の中の難、斯れに過ぎたるはなし

**語の略解**

(1)　**弥陀仏の本願念仏**とは、名号《みょうごう》すなわち南無阿弥陀仏と称うることである。名号といえば諸仏の名号も名号であり、観音勢至《かんおんせいし》の名号も名号であるから、そのために弥陀仏の本願念仏と申されたのである。また念仏といえば、諸仏を念ずるのも念仏であって、念ずるとは、心に念ずることのようであるけれども、今は、阿弥陀仏の本願、すなわち第十八の本願に誓われたる名号を憶念《おくねん》し称名することの尊さを、明了《めいりょう》に知らせるために、弥陀仏の本願念仏と申されたのである。すなわち正信念仏偈《しょうしんねんぶつげ》とある念仏のことである。

(2)　**邪見憍慢悪衆生**とは、邪見と憍慢と悪の衆生ということである。しかし三種類の衆生ということではなく、我々衆生の註釈であって、十悪五逆の我々悪衆生のことである。邪見というも憍慢というも悪というも、それは衆生の註釈であり説明である。

(3) **邪見**とは、正見の反対であって、よこしまなるかんがえのことである。見とは智慧の別名であって、物を分別する心である。邪とは物の道理を正しく見ないことであって、一切、因果の理法を信ぜないことである。

(4) **憍慢**とは、憍はおごる心であって、ほしいままという意《こころ》である。人と比べて己は他よりえらいと思うのではなく、誰に比べるでもないが、ただもう一途に、己はえらい者だと、きめ込んでいる心である。慢とは、あなどる心であって、たかぶるとも読む字である。これは我と人とを何事によらず比べて、己は他に勝れていると考えて、人をあなどり自らをたかぶる心である。

(5) **悪**とは、『経』には弊と申されておって、弊とは物を蔽《おほ》いかくすことである。貪欲の心が強いために、慈悲とか他を恵みいたわるという善行を妨げたり、瞋恚《しんい》の心が強いために忍辱《にんにく》の善行が障《さ》えられたり、その他、十悪五逆という心身の悪は愚痴を根として出てくるのであって、真の智慧がなく愚痴であるために、心に悪を起し、身に罪悪を行いつつあるのである。悪とは、このような誤った心と行いによって、自を害し他を害して、自他共に苦を深めるから悪というのである。

(6) **信楽**とは、ふかく信ずることである。第十八の本願に、至心信楽欲生《ししんしんぎょうよくしょう》の三心ということがあったが、その信楽のことである。楽とはたのしむという意味ではなく、欲するとか願うという意味である。すなわち楽欲《ぎょうよく》とか願楽《がんぎょう》とつづく意《こころ》である。他力信心の信ずるということを厳密に申されるときは、いつも信楽と申されるのである。至心は信に摂まり、欲生心は楽に摂まって、三心は信楽の二字に摂まり、信楽は信におさまるのであるから、信ずることを信楽と委《くわ》しく申されたのである。

(7) **受持**とは、受とは本願の名号を信じて、心に受けとることであり、持とは不散不失《ふさんふしつ》ともいって、散失せず、心に持っておることである。

(8) **甚以難**とは、真実に信楽することは、甚《はなは》だむずかしいことであって、容易なことではないということである。

(9) **難中至難、無過斯**とは、この法の難信なることを示されたのである。『大経』には「もしこの経を聞きて信楽受持することは、難の中の難にして、この難に過ぎたるはなし」とある。なにゆえに難中の難と申されるかといえば、経典のこの前には教法に遇《あ》うということが、たやすいことではない上に、他の諸仏の教や道を聞くさえ、なかなかありにくいことである、菩薩の勝法を聞き六波羅蜜や十波羅蜜の法を聞くこともありにくいことであって、しかも聞いて体得することにおいては、なお難事である。こういう難事がたくさんあるが、弥陀仏の本願を聞いて他力本願を信ずるについても、善知識に出遇《あ》うことも難いことであり、法を聞いて行ずるということはなおさら難いことである。それゆえ、この経を聞いて信楽受持することは、難中の難であって、この難に過ぎたる難事はないと申されるのである。このこころを『和讃』に聖人は「一代諸教の信よりも、弘願の信楽なおかたし、難中之難とときたまい、無過此難とのべたもう」と申され、また「善知識にあうことも、教うることもまたかたし、よく聞くこともかたければ、信ずることもなおかたし」と申されているのである。

また、『阿弥陀経』には、「一切世間難信の法」と申され、「極難信の法」とも申されている。

1

初めの「法蔵菩薩因位時」とあるより以下、今の「難中之難無過斯《なんちゅうしなんむかし》」というまでは、依経分《えきょうぶん》といって、『大無量寿経』の要旨をのべて、真宗教義の枢要《すうよう》を示されたのであります。今の「弥陀仏本願念仏」より「無過斯」とある一段は、正しく本願を信じ念仏申すことのむずかしいことを知らせて、ひとえに真実信心をすすめて、現在より幸福の門に入らせたいとの念願を、果そうとしていられるのであります。

2

「弥陀仏の本願」とは、第十八の本願のことであります。四十八の本願はみな、弥陀仏の本願でありますけれども、単に「弥陀の本願」と申されたときは、第十八の本願のことであります。第十八願を最も平易に知らして、聖人は『末燈鈔』に

「弥陀の本願と申すは、名号をとなえんものを、極楽へむかえんと誓わせたまいたるを、ふかく信じて、となうるがめでたきことにて候うなり。」

と申されているのであります。「弥陀仏の本願」とは、南無阿弥陀仏という名号をとなえる者を、極楽へむかえとって往生させようとの本願であります。これは他力救済の至極の御心を、誓願に示されたのでありまして、このような本願の御思召を、ふかく信じて称うるに至れば、現在ただ今から摂取にあずかり、不捨の身となって、弥陀の心光に摂護せられつつ、極楽に往生させられる身となり、未来は仏果に上り涅槃のさとりをひらく身とな

して下さるのであります。

「念仏」とは、本願を憶念して称名することであります。すなわち本願を信じて念仏申すことであります。それゆえ念仏とは南無阿弥陀仏と、となうることではありますが、同時にまた、本願を信じて弥陀如来を一心にたのみ申し上げることであります。ほんとうに称えるということは、信ずればこそ自ら称えられるのであって、称えてはいるが信じていないならば、念仏とは申せないのであります。「誓わせたまいたるを深く信じてとなうるが、めでたきことにて候。」とあるとおり、その本願を信じて称えてこそ、本願の念仏であります。

しかし、本願を信じて名号をとなうれば、たすけられるということを、信楽して名号を受持することはなかなか難しいことであります。言いかえれば、一心に弥陀をたのめばたすけて下さるということは、分り易いが信じにくいことであります。如来の本願は、信じて称えさせようとしておられるのであり、衆生は、信じて称えることによって助かるのであります。

## 3

弥陀仏の本願を信じて称名念仏するということは、たやすいことのようであるけれども、実はなかなか難儀なことでありまして、至極できにくいことであります。なにゆえ、難事であるかといえば、その理由は、わたしどもが邪見《じやけん》であり、憍慢《きようまん》であり、悪の衆生《しゆじよう》なるがゆえであります。法は他力であり易行《いぎよう》の法《ほう》なのですけれども、機の失といって、こちらが邪見の衆生であり、憍慢《きようまん》の衆生であり悪の衆生であるがために、本願念仏の法が、なかなか信じにくいのであります。

わたしども凡夫《ぼんぶ》は邪見《じやけん》の衆生であります。正しき道理を知る智慧のない凡夫の智は、道理をよこしまに見るのであります。見とは智慧のことであり、物を分別する心でありますが、その智慧が常によこしまであるから、因果《いんが》を信ぜないのであって、善を善とせず、悪を悪とせず、善も悪も分別がなく、ただ貪欲瞋恚《とんよくしんい》の動くままに動いておるのであります。罪ということを考えたことがなく、業報ということも考えたことがなく、罪悪を無視し業報を無視して暮しているのであります。ですから本願大悲の御思召をきき、念仏往生の法を聞いても、信ずることができないのであります。

釈尊は四諦《たい》の道理を説いて下さっていまして、世間の因果と、出世間の因果を説いていられます。世間の因果とは迷いの因果ともいいまして、これを苦諦集諦《くたいじゆったい》といいます。わたしどもの身心の苦悩するのは、その原因は集諦といって、煩悩が常に熾《さか》んなるがために、その結果として苦悩がくるのである、それゆえ、この煩悩を滅して真の安楽幸福を得んためには、正法の如く道を修めてゆかねばならぬのであって、この法を道諦と申されます。その道を修めてこそ、煩悩がなくなって、無上の安楽幸福の結果を得るのですから、その結果を滅諦《めったい》と申されているのであります。すなわちこれは証《さとり》にいたる因と果であります。しかるに、このような因果の法を諦《あきら》かにせずに、自分の小智で勝手きままな考えや行動をしているのですから、他力本願を信ずることができないのであります。もし世間の因果、すなわち迷いの原因と結果が諦《あきら》かになれば、真摯《まじめ》に精進して道を求めねばならぬのであります。もし煩悩を断滅することができないということが明瞭《めいりよう》になったならば、自力努力によってはいかに道を講じても、証にいたる原因がないことが分かってきて、したがって、自力では最後の結果である道諦に達することの不可能なことが分るのであります。このように、因果の道理というものが分かり、自力では助かる能力がない自分と知れれば、自然に弥陀仏の本願を信じて、念仏する身となるのであります。

## 4

第二には、わたしどもが憍慢の衆生だからであります。憍とはおごった心であり、ほしいままの心であって、人と比べてでなく、ひとり自惚れて、何となく己はえらい者であると高ぶっているのであります。『唯識論』には、自分の盛んなることに染著《ぜんじやく》の心を生じているのであって、酔傲《すいごう》を性となすとあります。どこか自分の盛んなる点を見出して、威張っているのであります。若いものは若さを威張り、学問はないが力が強いとか、強健ではないが財産があるとか、名誉があるとか、今は駄目でも将来は立派なものになるに違いないとか、源《みなもと》は、自分というものを、根づよく買かぶっているのです、とにかく、弱いとは思いたくないのです、負けておりたくないのです、とにかく豪《えら》いのです。酔傲を性とすとはおもしろいと思います。酒に酔ったものが傲然《ごうぜん》といばっていて、何だか独り喋っているような性質があるのです。誰と比べて見て、彼劣れり、我勝れたりと思うのではなく、無暗一途にいばって、天下無比のような自惚れ心があるのであります。だから何を言って聞かしても馬耳東風です。少しは酔が醒めて、自分の真価が自覚されてきて、自分の能力が見えてこないことには、大慈大悲の他力本願の念仏があっても、本願を信じて念仏を喜び、真幸福の門に一歩を踏み込むということは、あり得ないことであります。難信の理由はそこにあるのであります。

次に、慢というのは、人をあなどっている心であり、高ぶっている心です。『唯識論』には「己を恃《たの》みて他よりも高挙《こうこ》するを性となす」とありまして、人と自分とを比べてみて、やはり、どうしても己の方が豪いぞと、高く心のあがる性があるのを、慢というのです。高慢、我慢、卑下慢などといいますが、人の短所と自分の長所とを比べみて、自分を高くみては、心が常にあがっているのです。彼よりは年齢が上だから己の方が豪いのだ。彼よりは金があるから己の方が勝れている。何の学問はともかく、この学問の方では己の方が豪いとか。とにかく人の長所と比べて、下がるのが嫌いであって、人の短所と比べて、自分の能力や価値を高く見よう見ようとし、そして人を下に見下そうとしているのです。人を尊ぶことを知らず、人を常にあなどる心があります。人を下に、自分を上に見るのです。いかなる水も、山の上へは流れざる如く、自分相当の位地へ下らないことには、大法の水の自分の上に流れくることは、あるべき筈がありません。だから弥陀の本願を聞かされても、信ぜられる時がないのであります。すなわち、誰のいうことも聞こうとしない心であります。

## 5

第三には、悪の衆生であるからであります。『大経』には「憍慢《きようまん》と弊《へい》と懈怠《けだい》とは、もってこの法を信じ難し」と申されています。悪とは、その弊ということであって、弊とは蔽《おお》うという意味です。善をなせば善果がくるのですけれども、その善や功徳を蔽いかくして碍《さまた》げるのであります。貪欲の煩悩は恵施《えせ》の徳を妨げて、おおいかくして出さしめなくするのであり、瞋恚《しんい》の心は忍辱の善事を蔽うて出生することを障《さ》えるのであります。愚痴の心は六度の行はもとより、あらゆる善事を障碍《しようげ》するのであります。愚痴《ぐち》は貪欲《とんよく》を生み、瞋恚《しんい》を生み、貪欲と瞋恚は口業《くごう》の妄語《もうご》、綺語《きご》、両舌《りょうぜつ》、悪口《あくく》を生み、身業《しんごう》の殺生《せっしょう》、偸盗《ちゅうとう》、邪婬《じゃいん》を生み、五逆罪をも生むのであります。このようなことを、事実として心にも行いにもやっていながら、悪の自覚をもたないのであります。悪の自覚をもたないものが、善の欲求をもたぬことは、当然のことであって、このようなたくさんの悪を有しながら、少しもそれを知らず、人から知らされても自覚しないのであります。悪の自覚のないのが真の悪衆生であります。こういう悪衆生が、弥陀の本願念仏を信楽して喜んだり、本願を信じて念仏申したり、信心相続や念仏相続するわけがありませぬ。しかしこういう悪衆生も、聞法の縁を得て、十悪五逆の自我の真相に気づくにいたっては、本願念仏の人となり、信楽受持の人となることができるのであります。

## 6

しずかに考えますと、「邪見憍慢悪衆生《じゃけんきょうまんあくしゅじょう》」とは、わたしどもの本名であります。しかるに「邪見憍慢悪衆生」と呼ばれながら、それが、真に自分の名であるということが、なかなか自覚できないのであって、人の名のように思えてならぬのです。実に邪見と憍慢と悪とを所有しておりながら、それが実にそのとおりであると自覚できないものだから、本願を信楽することはもとより、念仏を受持することも甚難《じんなん》であって、難中の難となり、難信の法となるのであります。

それゆえ、わたしどもは、心静かに聞法に精進せねばならぬのであります。聞法することによって、如来の光明の照耀《しょうよう》により、漸《ようや》く邪見の衆生が邪見の衆生と知れ、憍慢の衆生が憍慢の自我相に触れて、頭が下がって、本願念仏を信楽受持《しんぎょう》することが、できるようになるのであります。五逆十悪の悪衆生であることが、自覚されてくるのであります。悪の自覚を得てこそ、他力救済の本願を信楽できるようになるのであります。まことに、「松かげのくらきは月の光なり」というごとく、照らされてこそ漸く自分の相に接するのであります。

## 7

「難中の難にして、この難に過ぎたる難はない」というのは、自分の相に接見することも、他力仏光の照耀によるのであり、本願念仏の信楽受持ということも、他力廻向の御力によるのであって、自分でいかほど考えていても、邪見憍慢悪衆生ということが知れることはなく、本願信楽の心も発らないのであります。

聖人は、『和讃』に

一代諸教の信よりも　弘願の信楽なおかたし
難中之難とときたまい　無過此難とのべたまふ

と申されて、一代諸教の自力の信は、努力精進さえして、学修と思索を積めば発しうるけれども、他力の信心は他力廻向によるものであるから、難中之難《なんちゅうしなん》といい無過此難《むかしなん》というべきであると、申されているのであります。ひとえに仏の加被力を乞うて、本願信楽《しんぎょう》のできるように、専心につとめねばなりません。

『大経』には、「憍慢《きょうまん》と弊《へい》と懈怠《けだい》とは、もってこの法を信じ難し」と申されているように、求道に懈怠であっては、いつまで経ってもこの法を信ずることは難かしいのであります。懈怠な心には、本願を信じて念仏申すことによって、現当二世の一大事が決了して助かるというような、大きなことが信ぜられるわけがありません。

## 8

『阿弥陀経』にも、委《くわ》しく難信の法であることを説かれまして、「一切世間難信の法」と申されました。一念に弥陀をたのみ申し上げるばかりで、たすかるというような超世他力《ちょうせたりき》の大法は、一切世間中で最も難信の法であるに相違ありません。他に助かる法があるのかと尋ねてみると、邪見憍慢悪衆生の助かる法は、三千世界どこを尋ねてもないのであります。だから本願念仏が信ぜられない者は、皆助かる道に逢わずして一生を過ぎ、冥《くらがり》から冥へ往って仕舞うのであります。弥陀仏の本願を聞いて、余り易いがために疏漏に理解したり自力の心で念仏していながら、これが本願の念仏だと思ったり、信心の上からの報謝の念仏だなどと、安価な安心をしたりしているのは、懈怠の衆生というものです。それゆえどうかして偽物の信心や念仏者であらせたくない大悲心から、「一切世間難信の法」といい、或いは「難信之法」とも説き、『大経』には「難中之難」とも「無過此難」とも申されて、真実の信楽受持ということの、難事中の難事であることを警告して、ひとえに真実信楽の人としようとしていられるのであります。

**著者略歴**

蜂屋賢喜代（はちや　よしきよ）

1880年　9月10日大阪市東区谷町慶徳寺《きょうとくじ》に生まれる。
1905年　東京巣鴨、真宗大学本科（現大谷大学）卒業。
1918年　雑誌『成同』を刊行し布教・伝道活動展開。
1924年　大阪天王寺の光照寺の住職となる。
1964年　12月13日　84歳逝去。

著書

『人間道』『仏天を仰いで』『病める人へ』『歎異鈔講話』『蓮如上人御一代記聞書講話』『正信偈講話』『苦の探究』『四十八願講話』等

新装版　正信偈講話　上

一九八〇年一一月二八日　初　版第一刷発行
二〇一八年　六月一五日　新装版第一刷発行

著　者　蜂屋賢喜代
発行者　西村明高
発行所　株式会社　法藏館
京都市下京区正面通烏丸東入
郵便番号　六〇〇－八一五三
電話　〇七五－三四三－〇〇三〇（編集）
〇七五－三四三－五六五六（営業）

装幀　山崎　登
印刷・製本　亜細亜印刷株式会社

ISBN 978-4-8318-6552-6 C3015